JN273849

Life Story Work with Children Who are Fostered or Adopted

施設・里親家庭で暮らす
子どもとはじめる

クリエイティブな
ライフストーリー
ワーク

著
ケイティー・レンチ
レズリー・ネイラー
監訳
才村眞理、徳永祥子
訳
徳永健介、楢原真也

福村出版

LIFE STORY WORK WITH CHILDREN WHO ARE
FOSTERED OR ADOPTED
by Katie Wrench and Lesley Naylor
Copyright © Katie Wrench and Lesley Naylor 2013
Foreword Copyright © Brian Burdekin 2012

This translation of LIFE STORY WORK WITH CHILDREN
WHO ARE FOSTERED OR ADOPTED is published by
arrangement with Jessica Kingsley Publishers Ltd. through
The English Agency (Japan) Ltd.

謝辞
Acknowledgements

　この実践ガイドをつくるにあたって，多くの人々と環境から影響を受けてきました。私たちは，強固でクリエイティブなリーズ市のセラピューティックソーシャルワークチームの一員として仕事ができることを光栄に思います。一緒に仕事をする中で私たちはチームと上司から知識を得ることができましたし，さまざまな経験を得ることができたことを光栄に思います。共に仕事をするだけではなく，共に笑い，スパに行き，洋服を交換したりすることも，日頃から私たちの励みになっています。
　私たちと特別なライフストーリーの旅路を共有してくれたすべての子どもと若者を誇りに思いますし，感謝しています。旅路を共に歩ませてもらったことを光栄に思います。この本に書かれているのは，どれも，あなた方から初めて学んだことばかりです。
　子どもとのライフストーリーワークの実践というところから出版という大きなステップを踏み出すことができたのは，計画が受理されるまでこの実践ガイドの要約を作り続けてくれたスティーブン・ジャイルズ（Stephen Giles）のおかげです。その後，ジェシカキングスレー出版，編集者のスティーブン・ジョンズ（Stephen Jones）が，出版が良い考えだと説得して

くれたことに多大なる謝意を表さなければなりません。

　私たち2人の家族や友人は出版までの道のりにおいて絶えず励まし，信じてくれました。レズリーからは，ジョン（John）のサポートと，素晴らしい天気にも関わらず週末のウォーキングを諦めてくれたことに感謝します。

　ケイティーからは，日帰り旅行に私たちの子ども，ルイース（Louis）とオーナー（Honer）を連れ出し，静かで平和な執筆の時間をくれたスティーブン（Stephen）に再度謝辞を送ります。私が良い仕事ができると信じてくれたデイヴィッド（David）とジーン（Jean）にも感謝していますが，テア（Thea）には第二のジャクリーン・ウィルソン（Jacqueline Wilson）にはならないことを謝ります。

　この本の専門的な校正を担ってくれたアリソン・ファーガソン（Alison Ferguson）の存在なくしては，この本を完成することはできませんでした。常に卓越した「赤ペン」を入れ，激励してくれました。ここでは「多すぎて名前を挙げられない」読書会のメンバーの人々にも感謝しています。

　皆さん本当にありがとうございました。出版までの道のりにおいて，有益な示唆を与え，応援してくれた「多すぎて名前を挙げられない」すべての人々に感謝しています。

日本の読者へのメッセージ

To our Japanese colleagues

We hope you find inspiration in this book to support you in helping children and young people to travel their life story journeys. Most of all, we encourage you to travel the path alongside them.

Katie and Lesley

日本の読者の皆さんへ

この本が子どもや若者のライフストーリーの旅路を支援する皆さんに特別なインスピレーションを与えることができますように。何よりも，皆さんがその旅路に付き添うことを切に望みます。

ケイティーとレズリー

もくじ

謝辞 3
日本の読者へのメッセージ 5
はじめに 8

第1章 ライフストーリーのための基礎を築く 18
　　　　子ども 18
　　　　ケアの構造 20
　　　　ワーカー 20

第2章 子どもの安心感を築く 28
　　　　「ワークの同意書」の作成 32
　　　　安全な場所 34
　　　　安心の手 36
　　　　イニシャル 38
　　　　体の輪郭―力と回復力　バージョン1 40
　　　　体の輪郭―初期の危険信号　バージョン2 43
　　　　リラクゼーションのワーク 45

第3章 エモーショナル・リテラシー 50
　　　　気分のボード／コラージュ 54
　　　　感情ジェスチャー 56
　　　　盾 58
　　　　体の描写 60
　　　　心配の木 61
　　　　感情のバッグ 62

第4章 レジリエンスと自尊心 66
　　　　自分についてのコラージュ 69
　　　　気が晴れる方法 71
　　　　子どものヒーローを見つける 73

　　　　　　　　誇りに思うものは何？　*75*
　　　　　　　　私と同じ／私と違う　*76*
　　　　　　　　スターのドア　*78*

第 5 章　アイデンティティー　*80*
　　　　　　　　手形と足形のワーク　*84*
　　　　　　　　人生の表／人生のマップのワーク　*85*
　　　　　　　　家族を描くワーク　*88*
　　　　　　　　ジオラマ風の表現をする　*89*
　　　　　　　　島をデザインするワーク　*93*
　　　　　　　　子ども向けジェノグラム／ファミリーツリー（家系図）の
　　　　　　　　　ワーク　*95*

第 6 章　情報の共有と統合　*98*
　　　　　　　　人生の表／人生のマップのワーク　パートⅡ　*104*
　　　　　　　　3 つの親のゲーム　*108*
　　　　　　　　移動カレンダー　*112*
　　　　　　　　比喩的なストーリー（読み聞かせ）　*114*
　　　　　　　　強い壁を建てる　*121*
　　　　　　　　秘密のシール　*124*

第 7 章　未来を見つめて　*126*
　　　　　　　　ウェルカム・マットのワーク　*130*
　　　　　　　　願いごとのワーク　*132*
　　　　　　　　引っ越しのワーク　*134*
　　　　　　　　ヒーリング・コラージュのワーク　*136*
　　　　　　　　未来の自己像を描くワーク　*138*
　　　　　　　　キャンドルのワーク　*141*

補 章　　英国と日本のライフストーリーワーク　*144*

参考文献　*151*
索引　*154*

はじめに
Introduction

　ライフストーリーワークは，トラウマを受けた子どもたちが過酷な過去に折り合いをつけ回復への道を歩むことを始めるためにきわめて有用な支援の方法で，多くの包括的な入門書があります［参照：*Life Story Books for adopted Children：A Family Friendly Approach*（養子になった子どものためのライフストーリーブック―家族が親しみやすいアプローチ），Joy Rees, 2009, *The Child's Own Story：Life Story Work with Traumatized Children*, Rose and Philpot, 2005（邦訳『わたしの物語―トラウマを受けた子どもとのライフストーリーワーク』才村眞理監訳 福村出版），*Life Story Work：A Practical Guide to Helping Children Understand Their Past*, Ryan and Walker, 2007（邦訳『ライフストーリーワーク実践ガイド』才村眞理他監訳 福村出版）］。これらの入門書には，参考になる事例や実用的な方法の紹介に加えて，アタッチメント，分離，喪失，トラウマといった概念についての解説が含まれています。

　しかし，ソーシャルワーカー，セラピストそしてトレーナーとしての私たちの経験から言えば，このとても重要なワークの実施に至るにはそれだけでは不十分です。それは，ライフストーリーワークの重要性が理解されていないためではなく，現場の支援者が子どもたちに実際のワークを実施

するための，時間や専門的知識や確信が不足しているためです。これは，私たちがライフストーリーワークのコンサルテーションや研修を実施する際に，日常的に経験することです。支援者たちはライフストーリーワークの妥当性を評価する一方で，ライフストーリーワークに関する手引きを調べたり，自分たちがするべきことに正しく到達できる理論を探している時間がないと感じています。その結果，養子縁組家庭や里親宅，あるいは施設で暮らす子どもたちの理解は，せいぜい「なぜここに来たのか」という基本的な事柄にとどまることになります。最悪の場合，子どもたちのストーリーは混乱したり不完全なものとなり，不確かな断片からストーリーを組み立て，自責感を抱くこともしばしば見られます。

　本書は，ライフストーリーワークを行う里親や施設職員，ソーシャルワーカーが何をすべきかがわかる，簡潔でわかりやすいガイドです。現場の支援者が形式的な仕事に時間を取られ，面接の計画や実際のワークを実施するための情報収集が十分にできない現状を踏まえて，本書は企画されました。私たちは施設職員，ソーシャルワーカー，里親，セラピストなど合わせて 30 年以上の経験を積み，さまざまな方法を試行錯誤しながら発展させてきました。どれも子どもたちが好む，わかりやすい方法ばかりを選んでいるため，失敗は少ないでしょう。

　もちろん，これら全てがオリジナルなものばかりだと主張するつもりはありません。実際，本書が示すいくつかの方法は，他の本でも似たものが紹介されています［参照：*Art Therapy Techniques and applications*（アートセラピーの技法と適用），Susan Irene Buchalter, 2009，*A Child's Journey through Placement*（措置をめぐる子どもの旅），Vera Fahlberg, 1994，前掲 Ryan and Walker, 2007，*Draw on your Emotions*（感情を描こう），Margot Sunderland and Philip Engleheart, 1993］。しかし，本書のユニークな点は，包括的に選りすぐった創造的なワークが編集されており，子どもや若者とのライフストーリーワークのどのような進展状況にも適したワークが，すぐに見つかるように分類されているところにあります。里親，養親，施設職員，ソーシャ

ルワーカー，トレーナーなど，特定の職種に限らず，トラウマを受けた子どもに向きあう支援者全てが使うことを意図しています。

　本書が手元にあれば，膨大な資料やセラピストとしての数年間にわたる訓練がなくても，ライフストーリーワークを始められるでしょう。十分な思慮や感受性や創造性をもってライフストーリーワークが実施される場合，子どもがストーリーを紡ぐ傍らに添うプロセスそのものが治療的に働きます。子どもの人生の旅に同行し，トラウマを受けた数多くの里子や養子が生きるための一貫性を持った人生のストーリーを形成する機会に無条件にかかわることができるのは支援者の大きな特権です。

　子どもたちや，ライフストーリーワークにかかわる養育者やワーカーと話すと，しばしば，「ライフストーリーワークはすでに終えました」と言われることがあります。もう少し詳しく話を聞くと，子どもの実親や以前の養育者，人生の中で重要な人物などの写真が含まれたアルバムを所持していることがわかります。それらは，ポストカードや宣伝用の小冊子といった記念品と同じように，過ぎ去った日々や休暇旅行やその他の祝い事に関するイメージとなるかもしれません。幸運な場合には，子どもにとって特別な形見や貴重品の入った思い出の箱を養育者が持っていることもあります。

　ヒューイット（Hewitt）は，五感に障がいがあり視覚以外の感覚に頼りがちな子どもにとって，「感覚をより高める経験」を提供する思い出の箱の重要性を指摘しています（*Life Story Books for People with Learning Disabilities: A Practical Guide*（LD児者のためのライフストーリーブック―実践ガイド），Helen Hewitt, 2006, p.60）。これには，写真だけではなく，布（おしゃぶりや赤ちゃん用の毛布など），大切な人にもらったもの（装身具や服など），お気に入りの歌の録音，馴染みのある香水や芳香油の匂いがしみ込んだ生地などが含まれます。私たちはジョイ・リース（Joy Rees）の次の言葉に賛同します。

多くの転居を経験した子どもにとって，彼らの歴史は断片化し，記憶はたやすく失われます。したがって，子どものケアにおいて，里親の重要な役割は彼らの記憶の守り手となることです（Rees, 2009, p.18）。

　私たちはいつも里親に，「あなたたちの大切な役割は，子どもの貴重な記憶の管理人であることです」と話をします。
　しかし，アルバムや思い出の箱は重要ですが，ライフストーリーワークそのものではありません。それらは，しばしば子どもが関与せずにまとめられており，子どもが自分の歴史を理解したり，結果として表面化する可能性のあるさまざまな問題や感情を取り扱うことを支援するわけではありません。ライフストーリーワークは記憶の管理以上のものであり，ジョイ・リース（Joy Rees）はその目的を次のようにまとめています。
・子ども自身の歴史に，詳細な情報と理解を与えましょう
・アイデンティティーの感覚を構築しましょう
・養親やその他の人と過去を分かちあいましょう
・人生早期の出来事に現実的な説明をし，生みの親へのファンタジーを解消しましょう
・過去と現在を結びつけ，子どもと養親双方が，早期の出来事が現在の行動にどのように影響しているかについて理解できるように支援しましょう
・分離と喪失の問題に気づきましょう
・養親が子どもを理解し，共感を深めましょう
・自尊心と自己価値観を高めましょう
・子どもの安心感とパーマネンシーの感覚の発達を助けましょう
・アチューンメント（同調）とアタッチメントを促進しましょう
　　（Rees, 2009, p.12）
　ジョイ・リース（Joy Rees）は，養子縁組家庭の子どもたちのライフストーリーブック作成について述べていますが，「養親」を「里親」や「施

設職員」に置き換えたとしても，ほとんどのケースに当てはまります。ライフストーリーのプロセスは，子どもだけではなく，支援者や養育者にとっても深く影響を及ぼすことを，こころに留めておくことが重要です。子どもの人生のストーリーをめぐる旅に一緒に旅立つことによって，支援者の共感と理解が深まるということは過小評価できず，時には措置の安定に結び付くこともあります。これらは克服できない課題に感じるかもしれませんが，私たちのガイドに従うことで，子どもとの実際のワークがこれらすべての課題に触れていることに気づいていただければと思います。

　伝統的に，ライフストーリーワークは養子縁組家庭や永続的な措置（permanent substitute care）に移行する子どもたちに対して（Ryan and Walker, 2007），新たな家族と新たな人生を迎える準備として行われるものでした。しかし，ローズとフィルポット（Rose and Philpot, 2005）を参考にした私たちの実践経験からは，新しい家族や恒久的な家族が得られない子どもたちにとって並々ならぬ利益をもたらすものであることがわかりました。ライフストーリーワークは新たな家族のもとで新しい人生を送る子どもたちの準備として行・え・る・ものですが，「すべてのトラウマを受けた子どもの回復のプロセスの必須部分にもなりうる」（Rose and Philpot, 2005, p15）のです。この支援がなされなければ，幼少期や思春期をうまく乗り越え，精神的に健康なおとなに成熟することが困難になることも多いでしょう。

　本書がいかにシンプルなガイドのように見えるとしても，こうした取り組みをなぜ行おうとするのか，目的は何なのかを理解することの大切さは強調されなければなりません。背景や手順についてはできるだけ簡潔に提示するように心がけましたが，それぞれの章の導入部については，読む時間を十分にとり，忙しさを理由に避けるのはやめましょう。ワークの各段階が，プロセスの基本となります。子どもと関係を構築することや，今の子どもの人生にとって大切なことに基づいてワークを進めることの重要性を過小評価してはいけません。こうした時間を適切に確保しなかった場合，

子どもが全くワークのプロセスに参加しない，子どものストーリーを本当の意味で統合し胸に収めていくことができないといった危険性が生じます。

　忙しい実務家や里親・養親のための実践的なガイドの提供を優先し，結局，ライフストーリーワークの理論的基盤については説明を省かざるをえませんでした。リース（Rees, 2009）やローズとフィルポット（Rose and Philpot, 2005）は，この点についてもふれていますが，アタッチメントや子どもの発達，トラウマの影響についてさらに学びを深めたいのであれば，参考文献に示したリストを参照してください。

　本書は，読者をライフストーリーワークのプロセスに段階的に導くものです。第1章では，子どものケアの組み立て，ワーカーのあり方など，ワークを始める前に子どもに関して考えなくてはならない問題から説明を始めます。こうしたことを取り上げるのは，子どもが実際のワークに関与する最適な環境を保障するためです。また，子どもの発達に与えるトラウマやアタッチメントの影響について簡単に説明しました。こうした領域での研究をしっかりと理解することによって，子どもへのワークの水準を，生活年齢にかかわらず正しく調整することができるからです。これまでも，私たちと一緒にワークに取り組んだ多くの思春期の若者たちは，依然として内面に幼さを抱えていました。

　第2章以降では，「子どもの安心感を築く」から「未来を見つめて」までのライフストーリーワークの各段階の背景と，その後に，子どもや若者が取り組む一連の創造的なアイディアやワークを提示します。すべての章のすべてのワークを行う必要はありませんが，最初のワークがうまくいかなかった場合の予備プランは考えておいた方がよいでしょう。個々のケースに応じて，最も進展が期待されるワークを選ぶことです。

　子どもの中には，ある領域（たとえばエモーショナル・リテラシー）に他の子どもよりも時間をかける必要があるかもしれません。これは子どものことをよく知る人物とのコンサルテーションの中で判断されます。どんなにうまく計画したと思っても，子どもは支援者のペースでは進まないこ

ともあるということに留意しましょう。特に，より困難な情報を分かちあう際には，安全の感覚を再び確立するストレングスやレジリエンス（訳者注：重大なリスクや逆境に曝されながらも良好な社会的発達や適応を遂げる力）の質に関するワークを再度行うといった「基本に戻る」ことが必要になることがあります。多くの子どもにとって，安全に関する初期のメッセージに立ち返ることは，ワークの成功を左右する鍵となります。支援者と一緒に子どもが旅をしているかどうかを定期的に確認し，基本に戻ってより侵襲性の少ないワークを行うことが必要かどうか注意を払わなくてはいけません。年長児や思春期の若者は，しばしばセッションの進展に圧倒されていることを語ってくれるでしょうが，養育者や支援者に連れてこられた年少児については，このことにより敏感になる必要があります。

　最後は，子どもと一緒に行うライフストーリーワークの終結の方法に関してであり，これはワークの開始時点から考えておく必要があります。私たちの経験では，子どもや若者は通常，自分のライフストーリーブックやその作成に携わることに対して誇りを抱いています。しかし，ほとんどの子どもたちに多大な恩恵をもたらすのは，成果物ではなくそのプロセスであることに，ライフストーリーワークの実施者の多くは同意するでしょう（Rose and Philpot, 2005；Ryan and Walker, 2007）。子どもと一緒にストーリーを紡ぐことの重要性はどんなに強調してもしすぎるということはありません。子どもに親しみやすく，センシティブでかつ正直なストーリーを示すために，私たちがライフストーリーを捉え直すことはよくあることです。ジョイ・リース（Joy Rees）が「潜在的なメッセージ」（Rees, 2009, p.32）と呼ぶような，子どもは大切で愛されるべきで大切に想われていたことを強調することを忘れずに織り込みましょう。

　子どもたちは，ライフストーリーワークに積極的に関わることは当然ですが，ワーカーには成果物の編纂に責任がある，というのが多くの実施者の意見です（Fahlberg, 1994；Rose&Philpot, 2005；Ryan&Walker, 2007）。ファールバーグ（Fahlberg）は，このことを役に立つ言葉で思い出させて

くれます。

　子どもの思考の過程はとても具体的で，それは情緒的に負荷のかかる内容については特に顕著になります。そのため，支援に携わるおとなは使用する言葉を注意深く選ぶことが大切です。感情や願望と実際の行動を区別することは，なぜおとなが子どもに有害なことをしてしまうのかを説明するのに有効になります（Fahlberg, 1994, p359）。

　通常，私たちは三人称でストーリーを書き，子どもの年齢や発達段階，理解力やコミュニケーション能力に応じて注意深く言葉を選びます。子どもの人生をたどるのに，カラー写真やクリップアート，グーグルのイメージ画像などを数多く取り込むようにしています。子どもに読んでもらうためには，ブックが面白く，魅力がなくてはいけません。この過程ではコンピュータが役に立ちます。それから多くの場合，子どもと最終版を見る前に，子どものことをよく知る人（主に養育者や養親）に，使用した言語や内容が子どもの水準に合っているかどうか，校正をお願いしています。

　ストーリーを綴じるものは子どもが選ぶこともありますが，私たちはらせん綴じのノートよりも感じのよいリング・バインダーを渡すようにしています。これは相手に応じて，子どもが自分のストーリーを編集したり，時にはある部分を削除するといったことができるためです。また，新しい経験をしたり，希望や願いが生まれた時に，付け加えることも可能です。私たちはライフストーリーが失われたり損傷しても大丈夫なように，その子どものファイルを質のよい紙にプリントし必ずコピーを保管します。

　本書では，実際の事例やライフストーリーブックの掲載は見送りましたが，ジョイ・リース（Joy Rees）の『*Life Story Books for adopted Children: A Family Friendly Approach*（養子になった子どものためのライフストーリーブック—家族が親しみやすいアプローチ）』は，ストーリーを構成する方法を学ぶための優れたガイドブックです。リース（Rees）は「安全な家族のア

タッチメントとパーマネンシーの感覚を促進するために主に用いられる」（Rees, 2009, p.14）フォーマットを提案しています。これは，より統合的な自己感覚を子どもが発展させたり，自分のストーリーをより深く効果的に子どもたちが理解するために役立つものです。

リース（Rees）は，ストーリーは子どもの現在から始め，深刻な過去を間に挟み，希望ある未来で終わるべきだと指摘し，そのことが象徴的にも重要であると述べています。

> 子どもの生育歴は単にオープンに語られるだけではなく，養子縁組家族における歴史の一部として，文字通り刻まれています。したがって，子どもにとっても，より安全で扱いやすいと感じられるのです。
>
> 子どもは過去によって圧倒されるべきではありません。子どもの全人生という観点からいえば，過去は正直に，かつ短くしまっておくべきです。子どもたちには長い未来が待っているのですから！（Rees, 2009, p.14-15）。

私たちも，この「家族が親しみやすいアプローチ」という言葉を，里親家庭や施設で暮らす子どもたちとのワークの中で用い始めています。過去のトラウマを探求する時と同じように，安全の基盤をできるだけ確立することがいつも可能なわけではありませんが，子どもたちが「現在をより快適に過ごし，未来を計画する」（Rees, 2009, p.12）ことができるように始める，というリース（Rees）の意見には強く同意します。

最後に，ライフストーリーワークには標準的な形式はないということを強調しておかなければいけません。「ライフストーリーワークの核心は，そのプロセスと子どものストーリー双方における創造性に富む独自性なのです」（Untold stories：A discussion of life story work, *Adoption and Fostering*（「語られなかったストーリー──ライフストーリーワークについての討議」『養子と里親』），Polly Baynes, 2008, p.4）。これが，本書を規定されたパックや

マニュアル，CD-ROMではなく，創造的で実践的なガイドブックになるようにした理由です。

chapter 1

第1章 ライフストーリーワークのための基礎を築く
Building the Foundations for Life Story Work

　私たちの重要な目標は，ライフストーリーワークを子どもたちや若者が創造的に取り組めるよう，利用しやすい実践ガイドを提供することですが，それは必ずしも単純なプロセスではないということがわかっています。ライフストーリーワークに着手する前に実施者として考慮すべき多くの要素があります。そして里親委託児童や養子とワークする際に，対人援助のための最良の条件が満たされていることは決してないということは周知の事実です。ワークを始める前に，子どもにとって，養育者にとって，そしてあなたにとって，スタートするのに正しい時機かどうか，常に判断を下すことが必要です。以下に考慮すべき問題を列挙します。

子ども

　英国では，ライフストーリーワークの問題はいつも法令上の立案や再検討すべき課題として挙げられますが，私たちの経験では，ライスストーリーワークを始めるのに適切な時期かどうかを決めるのは，しばしば子ど

もの関係者ですし，子どもの年齢や認識できる能力によるのですが，このプロセスで，いつも子どもが意見を聞かれるとはかぎりません。
　ポリー・バーネス（Polly Baynes）は次のように記述しています。

　　子どもはライフストーリーワークの開始を決定する際に参加する必要がありますが，その決定を一緒にするよう求められるよりむしろ，義務的に参加させられることが多いのです。社会的養護を経験したことのない多くの人びとにとっては，家族の歴史または秘密を探究することは決してありません。しかし，社会的養護下の子どもたちにとっては，組織の要求に応えるのではなく，より多くのことを学ぶという選択肢を自分たちにとって適切な時に与えられることが重要です。私たちの役割は，情報を利用できるようにすることですが，なかには自分自身が将来親になるまでは，その情報にアクセスすることを望まない人々がいるということを受け入れることでもあります。(Bayness, 2008, p.47)

　もちろん，子どもたちや若者のなかには，ライフストーリーワークが何なのか，または，どのように自分の役に立つのか，十分理解していない人もいるでしょう。すでに，自分のための美しい写真アルバムをもっており，ライフストーリーワークはすでに終わったと誤解している人もいるかもしれません。ライフストーリーワークが，それとはいかに違うことかを説明することが，あなた方の仕事となるでしょう。英国養子縁組里親委託協会（BAAF）は，子ども向けのシリーズの1冊として，ライフストーリーワークがどうあるべきか，そして，ライフストーリーワークは子どもたちにとって何を意味するのか，子どもたちに説明するためのパンフレットを出版しています（*Lifestory Work—What it is and What it Means*（ライフストーリーワークってなに？ なんていみ？）Shaila Shah and Hedi Argent, 2006）。
　その子どもにとって，ライフストーリーワークを始めるのに，適切な時であるかどうかを判断する際に，もう1つ考慮すべき点は，その子どもが

環境における重大な変化のなかにいるのか，または不安定な時期に入ろうとしてるのか，すでにその時期にいるかどうかです。もし，その子どもが転校したり，措置変更されたり，家庭との再会の調整中に重大な変化があるなら，ライフストーリーワークを始める最善の時期ではないと考えられます。

ケアの構造

　本書の一番単純そうにみえるワークでさえ，子どもや若者に強い感情を引き起こすかもしれないということを覚えておくことは重要です。それゆえ，ライフストーリーワークを始める前に徹底的に検討すべきことは，子どもを取り囲むケア構造が，子どもの感情を受け止めるのに十分に強固であるかどうかです。明らかに，里親，養親や施設職員はこのことに対するキーパーソンとなる存在ですが，一般的にはトラウマを受けた子どもを養育するのにチームが作られているので，そのチームがライフストーリーワークのスタートやサポートに確実に同意している必要があります。そのため子どもとの実際のワークを始める決定は，理想的には，そのチームのすべてのメンバー——子ども，養育者，学校関係者，ソーシャルワーカー，保健師そしてセラピスト——がいる場で，子どもの審査やケアミーティングの際にディスカッションし，そして同意するべきです。

ワーカー

　不幸なことに，私たちは以下のような，あまりにも多くの子どもたちに

遭遇してきました。つまり，ライフストーリーワークのプロセスを始めてもそれを完成しない人たち，たいていは期限つきで配置される学生たちとかかわった子どもたちです。私たちは，若者にとって，また，ワークの一部に参加し，そして終えようとするワーカーの両方にとって，ライフストーリーワークがいかに困難なものであるかを，どんなに強調してもしきれません。ですから，あなたが子どもや若者とライフストーリーワークを開始するかどうかを考えているなら，どうか初めに次の質問を自分自身に問いかけてみてください。

あなたはライフストーリーワークを引き受けるための時間がありますか？

　ライフストーリーワークは非常に時間を要するプロセスです。あなたが子どもと出会う前に，子どもの人生についてできるだけ多くの情報を順に揃えることがあなたの最初の仕事になります。この仕事は，ソーシャルワークの記録をくまなく調べること，生みの家族の人々や，適切である場合，以前の養育者たちにコンタクトすることを含むでしょう。それは，写真や学校の通知表，出生，死亡，結婚の登録簿を集めることを意味します。あなたは，統一された年表や家系図を作る必要がありますし，その子のストーリーを生き生きとさせるような逸話や特別な話を語る試みも同時に必要でしょう。子どもの過去と現在の両方に関係するあらゆる人との連携，特に現在の学校や養育者との連携は必須です。これには時間がかかります。

　また，実際のワーク・セッションのために子どもと定期的に会う時間を作ることができるかどうかを，決める必要があります。どのような場合でも，多すぎるよりもむしろ少なめの約束の方がいいと，私たちは思っています。ですから，もしあなたが現実的には，月1回しか会う都合をつけられないのなら，毎週のセッションを申し出ないでください。子どもたちに

とって，大人から失望させられるのは，「普通」のことでした。私たちはこの「普通」を覆そうと努力するべきで，それを強化すべきではありません。ポリー・バーネス（Polly Baynes）は以下のように記述しています。

> あなたと，あなたの所属機関は，このワークに優先順位を与える必要があります。計画したライフストーリーワークでは，この子の人生にとって，あなたが信頼でき，一貫した人物になる必要があります。約束をキャンセルしたり，不規則になることは，それはすでに子どもが学んできたことですが，大人は信頼することができないし，子どもは自分に価値がないという考えを，強化することになるでしょう。(Baynes, 2008, p.7)

このワークを引き受けるために，あなたは上司またはスーパーバイザーのサポートを受けられますか？

ワークを進める時には，ワークを計画し，評価する観点から，ガイダンスを必要とするだけなく，あなた自身の感情へのサポートが必須です。このプロセスはとても困難なものであり，1人のワーカーとして，自分の人格に引き起こされる強い感情を管理する上で，サポートが必要でしょう。サポートなしには，あなたがその子の痛みに耐え，その子のストーリーを共感的にそして誠実に共有できることを納得させるのに苦労するでしょう。里親やソーシャルワーカーのトレーニングでは，どんな情報をいつ子どもたちと共有すべきなのかということに，個人の価値や経験が，どれほど影響を与えるかを，これまでよく見てきました。子どもとのライフストーリーの共有を見合わせるという決定，または，その詳細を共有するという決定は，子どもの最善の利益に合致するものであり，ワーカーの利益に合致するものでないと確信するために，スーパービジョンを必要とすることがあります。

ケイト・ケアンズ（Kate Cairns）は著書『*Attachment, Trauma and Resilience*（アタッチメント，トラウマとレジリエンス）』で，愛着のニーズが満たされていない子どもとのワークや生活について自身の経験を語っており，専門家によるスーパービジョンの重要性をはっきりと述べています。

> 専門家によるスーパービジョンは，私たちが向かっている方向を確実に明らかにするための根幹的全体図を提供し，あらゆる危険を警告し，私たちの視野を超えた体系的な解決策を提示します。私たちは泳いでいる時に大洋を見ることはできません。専門のスーパーバイザーだけがこの機能を果たせるのです。（Cairns, 2002, p69）

子どもの発達にトラウマが及ぼす影響について十分な知識がありますか？

ワーカーはライフストーリーワーク実施中の子どもをサポートするために，また，離別や喪失，トラウマを経験した子どもの回復にライフストーリーワークがなぜそれほど必要なのかをよく理解するために，幼少期のトラウマ体験が発達に与える影響について理解しておかなければなりません。社会的養護の下で暮らしていたり，養子縁組した子どもは，脳の発達や脳が司る全機能（感情，生理，認知，行動）にトラウマによる破壊的な影響を受けていることが多いのです。そのために「身体と感情の統合を恐れており，ストレスを受けると自分自身の生理，感情，行動的反応にどう対処してよいのかわからなくなることがある」と理解することは，実施者にとって，ライフストーリーワークにさらなる発達上繊細なアプローチを取り入れられるために極めて重要です［参照：*Working with Traumatized Children: A Handbook for Healing*（トラウマを受けた子どもとのワーク—癒しのためのハンドブック）Kathryn Brohl, 1996, p.4］。

トラウマを受けた子どもの神経生物学的発達（neurobiological development）に関する研究は昨今増えており、そうした研究からは、いかに「子どもの発達とは複雑な要素が絡み合った奇跡である」かということが明らかになっています。('The neurosequential model of therapeutics', *Reclaiming Children and Youth*（「治療の神経学連続モデル」、子どもと青年の再生）, by Bruce Perry and Erin Hambrick, 2008, p.38) 脳がその機能を発達させるのは幼児期であり、脳は一連の連鎖で発達することを私たちは学んできました。最初に発達する脳の部位は、消化や呼吸、体温、循環などの身体に不可欠な機能をコントロールする最も調整的で下位にある部位です。その後、上部にあるさらに複雑な部位が発達しますが、そこは気持ちに共感してくれる養育が最も影響を与える場所です。内的そして外的プロセスが「共に機能して個人に影響を与え、形作り、創造します」。そして脳がポジティブな環境とネガティブな環境の両方の影響を最も取り入れる時期が幼児期なのです（Perry and Hambrick, 2008, p.38）。通常の発達経験へのアクセスを否定されたり、こうした意思疎通の質やタイミング、量が阻害されると子どもの神経発達や機能に破壊的な影響が起こりえます。

　何度もトラウマに遭遇すると脳の活動は恐怖に結びついた状態のままとなり、その状態が子どもの生存を促す感情や認知、行動上の機能の変化につながることがあります。そうなると子どもは日常生活に簡単に苦しめられてしまうかもしれません。ストレス要因は子どもによってさまざまであり固有のものです。ワーカーや養育者である私たちは子どものトラウマを引き起こす要因を特定して具体的なトラウマ体験と結びつけることができる場合があるものの、そうできないことの方が多いのです。ある子にとってはストレス要因でも他の子にとってはそうではないかもしれません。しかし私たちの経験上、以下に挙げる例が要因となります。

・音（不快な音でなくても、車の警告音や洗濯機などの日常的な音や大声や花火などのよくある音）
・トラウマやトラウマの原因となる人物について話をすること

- 入浴，ドライブ，服を着るなど，ある特定の行動
- 匂いや感触
- 発達段階（トイレットトレーニング，入学，思春期，生理）
- 1日の特定の時間（入浴時間，就寝時間）
- 他者の身体的特徴（ひげ，メガネ）
- 記念日や特別な出来事（誕生日，宗教上の記念日，休日，事故や誰かの死）

ワークを始める前の子どもの関係者との協議では，その子どもにとってトラウマ要因だとすでに分かっているものがあるかどうかを注意深く聞いてください。

ペリーとハンブリック（Perry and Hambrick）はトラウマを受けた子どもとワークをする際のモデルである治療的神経学連鎖モデル（Neurosequential Model of Therapeutics：NMT）を開発し，次のように強く主張しています。

> 治療プロセスが発達の通常の順序過程を再現するほど介入は効果的になります。簡単に言えば，脳の下位部にある未開発かつ機能異常の問題部分から始め，改善が確認されたら次に脳の上位部へと移動するという考えです。(Perry and Hamblick, 2008, p42)

結果として，若者と行うライフストーリーワークは自己調整や子どもの覚醒レベルを下げること，また子どもが，いまここで，一層安心感を得て地に足をつけた感覚を身に付けさせることから通常は始めなければなりません。トラウマ反応が過去の体験と現在の反応を誘発したり，それらを結びつけるのだとワーカーが教えることが，虐待やトラウマ体験を受けていた時期には持っていなかったコントロール手段を子どもに提供する大切な一歩となります。これについては第2章で詳しく説明します。私たちが基本的に同意しているのはキャサリン・ブロール（Katharyn Brohl）の以下

の言葉です。

　脅威を感じると体と心は反応を示すことがあると子どもに理解させることはできます。しかし実際のところ，今，子どもは危険な状態にはいません。子どもがこのメッセージを受け入れる時，初めて安心を感じ，体は「警戒」をほどき，精神は新しい知識を得るために開放されるのです。
　（Brohl, 1996, p19）

　この領域での改善が確認されたら，創造的な，多くの場合は言葉によらない介入を用いる段階へと進むことができます。子どものスキルが向上するに従い，ワークは最終的にさらに言語的で洞察を重視することを目標にします。このプロセスの鍵となるのは繰り返しと発達上適切で子どもの年齢に合った養育であり，日常生活とライフストーリーワークのバランスを取らなくてはいけません（Perry and Hambrick, 2008, p.42）。

　私たちがソーシャルワーカーとして直接ワークを始めた当初，何か間違ったことをしたり言ったりして事態を悪化させるのではと恐れることがよくありました。それゆえ，初めてライフストーリーワークを行うソーシャルワーカーはこうした気持ちを抱くことが多いでしょう。これまでの経験からいえば，正しい実践の基本原理をしっかりと身に付けて，とにかく「やってみる」のが一番です。これが自信を高め知識を増やす唯一の方法です。あなたが時間を割く努力を子どもは認め，間違いをおかしても許してくれることでしょう，誰だって間違いをおかすものですから！　一連のライフストーリーワークを一緒に行った子どもたちと数か月，数年後に話をするとよく耳にすることがあります。それは創造的なワークが楽しかったこと，自分の生育史の重要なことを理解する助けとなったという声です。子どもと過ごす時間は貴重であり，子どもの人生に大きなプラスの影響を与えることを忘れないでください。

chapter 2

第2章　子どもの安心感を築く

Building a Sense of Safety for the Child

　ライフストーリーワークは，対象となる子どもとすでに関係を築いているかどうかに関わらず，導入部分が難しいプロセスになることがあります。「人生に傷ついた子どもたちは希望がなく無力だと感じ，自分ではどうにもできない出来事の犠牲者だと感じ始めるかもしれません。世の中は頼りにならない大人ばかりで，予測不能な状況しか起こらない危険な場所だと考えることもあります」(*Bruised before Birth: Parenting Children Exposed to Parental Substance Abuse*（誕生前に傷ついて—親の薬物乱用に曝された子どもの養育），Joan McNamara, Amy Bullock, Elizabeth Grims, 1995, p.5)。ワーカーは自分の個性やコミュニケーションスキルを駆使し，献身的な態度で接することで子どものこうした考えを克服し，子どもとの信頼しあえる有意義な関係を育てていく必要があります。とはいえ，トラウマを受けた子どもと健全な関係を築くことは一筋縄ではいかないことを私たちは承知しているので，まずは子どもに安心感を与えることから始めることをお勧めします。安心感は，子どもがこれから始めるライフストーリーワークという旅路の土台となるでしょう。安心感がないと，子どもはライフストーリーワークに集中せずに不安に対処する方法を探すことに気を取られるか

もしれません。ジュディス・ハーマン（Judith Herman）は，トラウマ体験は感情を正常に調整する機能を崩壊させることがあり，「十分に安心が確保されていなければ，他の治療的ワークは成功しないでしょう」と述べています（*Trauma and Recovery*, Judith Herman, 1997, p.159　邦訳『心的外傷と回復』中井久夫訳，みすず書房，1999）。

　安心感を生み出すという考えは，子どもが強烈な感情に押しつぶされないように，またワークの困難な部分により上手く対処できるように感情調整のスキルを開発することにつながります。不安時には身体は衰弱することがあるため，トラウマは長期にわたるストレスを身体に与えることがあります。ライフストーリーのセッションの中で子どもがストレスレベルを調整しようともがいている場合，子どもがじっと座っていることができなかったり，会話の最中に話題を変えようとしたり，会話の主導権を握ろうとしたり，殻に閉じこもったように見えたり，本人がコントロールできない怒りや不満の感情を露わにすることに気づくでしょう。こうした感情を認めて調整する術を授けることは，子どもの日常生活に大変役立つだけでなく，子どもが，ワーカーと一緒に取り組んでいるライフストーリーワークの情報に関わり，処理することを可能にもします。

　キャサリン・ブロール（Kathryn Brohl, 1966）は，子どもの安全性に関する問題を取り扱った安全チェックリストの作成を提案しています。このチェックリストは子どもの感情が高ぶるのを防ぐのに役立ち，ワーカーにとっては貴重な情報となると述べています（Brohl, 1996, pp.47-49）。安全チェックリストの情報は子ども用のワークを計画する際に役立つだけでなく，創造的な人形遊び，図工，作文などで子どもを引きつければ，それ自体がワークとなることも忘れないでください。私たちはキャサリン・ブロール（Kathryn Brohl）の原則を採用することに決め，ライフストーリーワークに関するチェックリストを作成しています。ワーカーは以下の質問を子どもと一緒に考えてみてほしいと思います。

・安心を感じるためには何が役立ちますか？（人，もの，場所）

Building a Sense of Safety for the Child

・安心感や愛されていると感じるために何か持っているものはありますか？（例，テディーベア，肌掛け，写真，クッション）
・どんな時にうれしい気分になりますか，またはリラックスしますか？（音楽を聴く，本を読む，トランポリンをする）
・何に恐怖や不安を感じますか？（今現在，夜，学校）
・あなたが怖い思いをしている時に私が察知する方法がありますか？そのことを私に伝える方法がありますか？
・恐怖や不安を感じる時，体に何か変化がありますか？（鼓動が速まる，掌が汗ばむ，お腹が痛くなる）
・ワークをしている場所に恐怖や不安を感じるところ（もの）がありますか？（ワーカー，部屋，騒音，他のスタッフ）
・ワーク中にあなたが安心した気持ちになるために私ができることは何かありますか？

　私たちは適切な場合には，子どもや若者とのワークに養育者や養親に直に参加してもらいます。ライフストーリーワークの難しい局面においては養育者や養親の存在が安心感を高め，身体や感情面での抑制をするのに適切な存在であることが多いからです。そしてもちろん，回復力を育て自尊心を高める際の最新情報をもたらしてくれる素晴らしい情報源でもあります。
　ライフストーリーワークのセッションで安心感を生み出すためには，里親や養親の同席の有無にかかわらず，子どもと会う場所や時間を慎重に検討しなくてはなりません。理想的には，静かで子ども向けの場所（しかし，あまり注意散漫になるところではいけない）で，中断や邪魔が入らない所がよいのです。通常，いくら交通の便が良くて使用できるとしても私たちが子どもの住居をワークの場所に設定することはありません。学校の教室を利用する場合が多いですが，その場合は面会時間を必ず考慮してください。子どもが自分の虐待体験について一時間話した直後に，授業にすんなり合

流するだろうと過信して，子どもを失望させる（ワークを台無しにする）ようなことがあってはなりません。時間と場所に関しては子どもと取り交わすワークの同意書（working agreement）に記載します。ワークの同意書ではワークの境界線を設定し，ワークで扱う内容について子どもが分かるようにしておくべきです。

「一貫した手順があり予測可能であることが，トラウマを持つ若者の不安感や脆弱感を和らげる助けとなる」（*Treating Traumatic Stress in Children and Adolescents: How to Foster Resilience Through Attachment, Self-Regulation and Competency*（子どもと若者のトラウマによるストレスを治療する―アタッチメント，自己規制，能力を通して回復力を養う方法），Margaret Blaustein and Kristine Kinniburgh, 2010, p.94）。こうした理由から各セッションに所定のステップを組み込むと，子どもとワーカーの関係や双方をとりまく環境によって，子どもの安心感を高められることを私たちは発見しました。子どもが積極的に所定のステップを進めようとする場合は，特にその傾向が強いといえます。私たちは簡単なゲームからワークを始め，ワーク中にはスナックや飲み物を用意し，最後には子どもに読み聞かせ用のお話を選ばせたりします。こうした所定のステップのすべてが親密感を養い，ワーカーと子どもの結びつきにつながります。

ワークの導入部は子どもがワーカーのことを知り，信頼のレベルを築き上げていくための部分であるのと同様に，ワーカーが子どもを理解し，子どもの人生の全てに興味を持っていることを子どもに示す部分でもあります。ここでのワークは楽しく，現在に焦点を当て，そして子どもにとって順調に進んでいる事柄に焦点を当てるべきです。そうすれば子どもへの威圧感をへらし，子どもが自ら自分のポジティブな面をワーカーに伝えることができます。今ここでの子どもの人生に，興味を示すことの効力を過小評価してはいけません。そして措置先や現在の養育者との関係性の強化に重点を当てることにも時間を使います。私たちの経験から言えば，ダン・ヒュー（Dan Hugh）が提唱する PACE 原則に従って子どもに接すれ

ば，子どもが安心して他者を信頼しサポートを受け入れて，ワーカーとの関係を作る上での助けとなるでしょう。

- **楽しみ（Playfulness）**……ユーモア，ゲーム，笑いを取り入れ，楽しみながら，共に有意義な時間を過ごす。
- **受容（Acceptance）**……むずかしい行動があっても，子どもを常に受け入れる。
- **興味（Curiosity）**……積極的に子どもの考え，感情，経験に興味を示す。
- **共感（Empathy）**……理解を示し，子どもが抱えている困難な事柄に注意を払いサポートする。

（*Facilitating Development Attachments*（愛着の発達を促進させる），Dan Hughes, 2004）

この章では安心感を築き，子どもが抱えるストレスや不安を調節し，子どもとの関係を構築し，ライフストーリーワークの構造を提示するのに役立つワークを紹介します。

「ワークの同意書」の作成

用意するもの

画用紙，ペン。
オプション：色紙，のり，シール，ビーズなどコラージュ用材料。

進め方

ワークの同意書とはワーカーと子どもが共同で作成する書類であり，原

則としてワーク中に何を，いつ，どれだけの期間一緒に行うのかなどの詳細を記したものです。この作業ではワーカーも子どももどれだけ創造的になってもいいのです。私たちは子どもが示す興味をイメージの中に取り入れています。たとえばスポーツのモチーフや車，映画スターなどを利用することもできるのです！

　同意書にはワークの場所や時間，回数といった具体的な取り決めや子どもがワークに希望することなど，考慮すべき情報を盛り込みます。また「ワークの同意書」の作成時は，ワークの中で出た話題についての秘密保持やその限界などについても話をします。ワークの内容について誰（里親，養親など）と話し合うのかについても，里親や養親がその場にいなければ合意しておく必要があります。子どもも，ワークにゲームを取り入れたいとか，休憩が欲しい時にワーカーに伝える方法を取り決めるなど，自分からアイディアを出したいと思う場合もあります。

　「ワークの同意書」には子どももワーカーと並んで署名するよう，勧めています。署名することによりワーク同意書を所有し理解する感覚が共有されるからです。とは言え，時間，空間，用意するもの，安全についての境界線を守ることは常に大人の責任です。

ワークの目的

- セッションで何をするのか，具体的な取り決めの内容を子どもが理解できるように助け，安心感を培います。
- 子どもがライフストーリーワークの手順を作成するプロセスに関わることで，ワークの優先事項について考え始めてもらい，コントロールすることや支配の感覚を培います。
- 子どもと誠実でオープンな態度に基づいた関係を築き始めます。
- 明確な基本ルール（例，人を傷つけるようなことはしないなど）および双方が同意した結果を決め，セッションでの行動を明確にします。後のセッションで，子どもが境界線をなかなか覚えられない時に

ワークの同意書を取り出して確認できるでしょう。

大切なこと

　子どもたちの中には同意書にあれこれ自分の考えを出す子もいます。ここで注意してほしいのは，ワーカーは守れない約束はしないということです。特に，どんな状況でもワーカーは秘密を守るという約束はできません。ワーカーは守られた手順の中でワークを行っているのであり，子どもがどんな事実を話すかは予想できないからです。ワーカーは，他者にも伝える必要がある情報については事前に一緒に話し合うことを子どもに伝えるのが合理的です。可能な場合は，里親や養親にもワークの同意書を一緒に作成してもらい，その内容を知っておいてもらうとよいでしょう。しかしそうすることが難しい子どもの場合は，ワークを進めながらこの件について引き続き話し合う必要があります。

安全な場所

用意するもの

　紙，ペン。
　オプション：おはじき，松ぼっくり，毛布やクッションなど図工用具。

進め方

　私たちはあなたがどこでどうしたら安心だと感じるか知りたいと思っている，と子どもに伝えます。その場所がどんな所か考えてみるよう，子どもに頼みましょう。すでに知っている場所でも，自分で考えてつくりだした場所でもいいことを提案し，安心感を作るためのヒントを出す必要があ

るかもしれません。安心できる場所を絵に描いたり工作するよう指示する前に，その場所で感じることについても考えさせましょう。そこでは何が聞こえ，何が見え，どんなにおいや感触がするのかなどを子どもに質問しましょう。そこにいるのは自分だけだろうか。それとも他の人やペットがいるのだろうか。そこにいると体はどんな感覚になるだろうか。リラックスするために大きく深呼吸をし，できるだけ多くのシーンを想像するように促しましょう。おもちゃやクッション，毛布，柔らかい素材の布などがあれば，それらを自由に使いながら安心できる空間を作りましょう。

　子どもが作ったイメージや空間がどんなものであっても，またそれが空想上のものであっても現実のものであっても，後日ワークが進展していく中で，子どもが安心できる場所に帰る必要があると考えられた時は，いつでもそこに戻ることができます。安心できる場所やその場所にいる時の気持ちを表す「キーワード」または，「キーフレーズ」を決めておくのもいいでしょう。

ワークの目的

- 子どもが全感覚を用いて，安心感を得られるようサポートします。
- 子どもが安全な場所ができたと感じることや，現実生活と健全な結びつきがあるかどうかについて，もっと学びます。
- セッションがより難しい局面に入った時のワークで使用するのに，子どもが触って安心感を得られるものを作ります。安心できる場所を視覚化することは子どもの激しい興奮状態を沈めるのに役立つリラクゼーション方法です。

大切なこと

　ワーカーからの具体的なヒントや手引きがないと，なかなか安心な場所をイメージできない子どももいるでしょう。だからと言って，ワーカーが子どもに代わって安心感覚を作ろうとしてはいけません。ワーカーが作っ

た安心感は本物として感じられないからです。しかし，子どもがこのワークで不安を感じるようなことはあってはいけません。サポートして促すことと，子どもの代わりにやることのバランスを取るべきです。

年長の子どもの場合，安心要素として機能するその他の動作，たとえば体にある力の源をイメージしたり暖かく癒されるエネルギーを吸い込むイメージをするなどで，このワークを強化することもできます。そうすることでストレスを感じた時に子どもが1人でもできる安心感を得る方法を教えることにもなります。この方法を自宅で練習すれば，子どもにとってより効果的なものとなるでしょう。

子どもが心を閉ざしたままだったり激しく興奮しているなどで，このワークを行うのが難しいと感じた場合は，子どもの注意を現在に向けさせる必要があるでしょう。今いる場所はどこか，何が見え，何が聞こえるのかを認識させて，安全に守られていることを再確認させましょう。「今日はどこで夕飯を食べるの？」などのちょっとした質問で注意を現実に向けさせるのもいいでしょう。また，おはじきや粘土など手で握れるものを渡して現実を認識させる方法も役立ちます。特に年長の子どもや思春期の子どもの場合は，手に何かを持っていると不安や気まり悪さを覆い隠したり，気持ちをよりリラックスさせるなどの効果があります。

安心の手

用意するもの

　　紙，ペン。
　　オプション：スパンコール，ステッカー，その他のコラージュ用材料

進め方

　子どもの手の輪郭を描いたもの，あるいは手の形をしたテンプレートを用意します。子どもに，あなたの人生にとって安心できる人物について知りたいと思っていると伝えましょう。不安や恐怖，何か問題が起きたら誰のところへ行くのか。安心できる人物を5人あげ，その人たちの名前をそれぞれの指に書いてもらいましょう。セッション中にこうした人々の大切さを強調することになるので，その「大切さ」を示すために手に飾りつけをするよう勧めてもいいでしょう。

　次に，それぞれの人についてどのような点が安心できるのか，どんな問題が起こったらどの人のところへ行くのかについて話をしましょう。ライフストーリーのプロセスと結びつけるようにすること。そしてセッションで生じるかもしれない厄介な感情について，子どもは誰に相談できるか考えてみましょう。

ワークの目的

- 子どもの安全感覚が高まるように，子どもと一緒に安心についての体系的な見方を作ります。
- サポートネットワークについて子どもがどう考えているのか，子どもは「安心」をどう捉えているのかを理解します。
- このワークが難しい子どもには安心できる人を特定するサポートをし，安心できる人とはどんな人物かを考えます。安心できる人はライフストーリーのプロセスを通じてどのようなサポートをしてくれるでしょうか？

大切なこと

　これは小さな子どもに適したワークですが，子どもの人生で安心できる人について話し合うことは10代後半の子どもにとってもメリットがあり

ます。そういった子どもは他者が信頼のおける人物かどうか思い切って確かめることはリスクがある上，正確に判断することは難しいと思うことが多いからです。

なかには友だちや子どもの名前しかあげない子どもがいるかもしれません。既知の虐待加害者の名前をあげる場合もあるので，手に名前を書く前にその人物が何者かをチェックすることも重要です。子どもが家，学校，レスパイトケア先，放課後のクラブなどさまざまな場面から幅広い範囲の人びと（できればおとな）の名前をあげるように促します。

このセッションでは，子どもをサポートする関係者に対して，子どもと一緒に手紙を書くこともあります。それは，手紙の相手に，ライフストーリーのプロセスで子どもをサポートしてくれるよう頼むためであったり，手紙の相手の名前が安心できる人物としてあがったことを知ってもらうためでもあります。子どもが安心できる人物は，子どもをサポートし保護する重要な役割を担っていることは明らかです。

イニシャル

用意するもの

画用紙，ペン，鉛筆。
オプション：ビーズ，シール，スパンコールなどコラージュ用材料

進め方

自分の名前（ファーストネーム）のイニシャルを書き，そのイニシャルに飾りつけをしましょう。またイニシャルを使って自分自身を説明する言葉を考えてもらいましょう。たとえば，ケイティー（Katie）のKはKind

（やさしい）のK，チャーリー（Charlie）のCはCool（クール）のC，サリー（Sally）のSはSilly（おばかさん）のSなど。

ワークの目的

- 安全で脅威が感じられないワークを子どもと行います。
- 工作を通じて子どもの自尊心と自信を高めます。
- 子どもが選ぶ材料，大きさや形などイニシャルの飾り方，自分をどのように表現するかに注意し，子どもの自己感覚やアイデンティティーを理解します。

大切なこと

　ワーカーはライフストーリーを書き，まとめることを期待されるのですが，ブックの表紙に子どものイニシャルや自画像を使うことで，ブックをその子なりのものにすると，子どもはこのストーリーが，自分のものだという感覚を強く持つことができるでしょう。

　工作で手を動かしながらの方が話しやすいと感じる子もいるので，この機会を利用して，ワーカーはその子に興味を持っていることを示したり，子ども自身のこと，お気に入りのものや何をするのが好きなのかなどを聞き，子どもをより深く理解するのに役立てるとよいでしょう。

　同じような目的のワークとして，靴の箱や作品フォルダーを装飾するものもあります。ここで作成したフォルダーは，セッションでの成果物入れとして利用することもできます。このワークにより，子どもにはプロセスに対する「所有」意識が芽生えます。またワーカーが子どもが作成した工作品をほめる機会にもなります。

体の輪郭―力と回復力　バージョン1

用意するもの

子どもが寝転がれるくらい大きな画用紙か壁紙，または小さな紙を貼り合わせたもの，ペン／鉛筆。

オプション：ビーズ，のり，ステッカー，色紙などコラージュ用材料

進め方

子どもに紙の上に寝転んでもらい，紙の上にペンで体の周りに線を引いて体の輪郭を描きましょう。この輪郭をいろいろな方法で利用します。子どもは服や髪形などを付け加えて自画像を描くこともできるし，自分にとって大切なこと，たとえば誕生日や出生地，好きなことや得意なことなどを自画像の周りに書き込むこともできます。ワーカーは子どもの身長や体重を計って自画像に加えたり，または，子どもに自分自身のことをどのように表現したいのか尋ねてもいいでしょう。里親や養親が参加するなら，子どもへの肯定的なコメントや面白いエピソードなどを付け加えることもできるでしょう。出来上がった自画像は現在の子どもを表したカラフルなもので，たくさんの情報が記載され，子どもの現在の力と達成を称えるものとなっているはずです。

ワークの目的

・子どもとの関係を築き始めます。現在の子どもに関する事柄を知ります。

・安全な環境を作り，子どもやその子の世界にワーカーが興味を持っていることを示します。

・ライフストーリーワークの導入部で用いる子どもの回復力について

調べます。
・子どもと一緒にワークを楽しみましょう！

大切なこと

性的虐待を受けた子どもやワーカーと近い距離にいると落ち着かない子どもの場合は、体の輪郭を描くのは適切ではないかもしれません。その場合は一般的な体の輪郭を描いたものや、子ども自身に輪郭を描いてもらい、

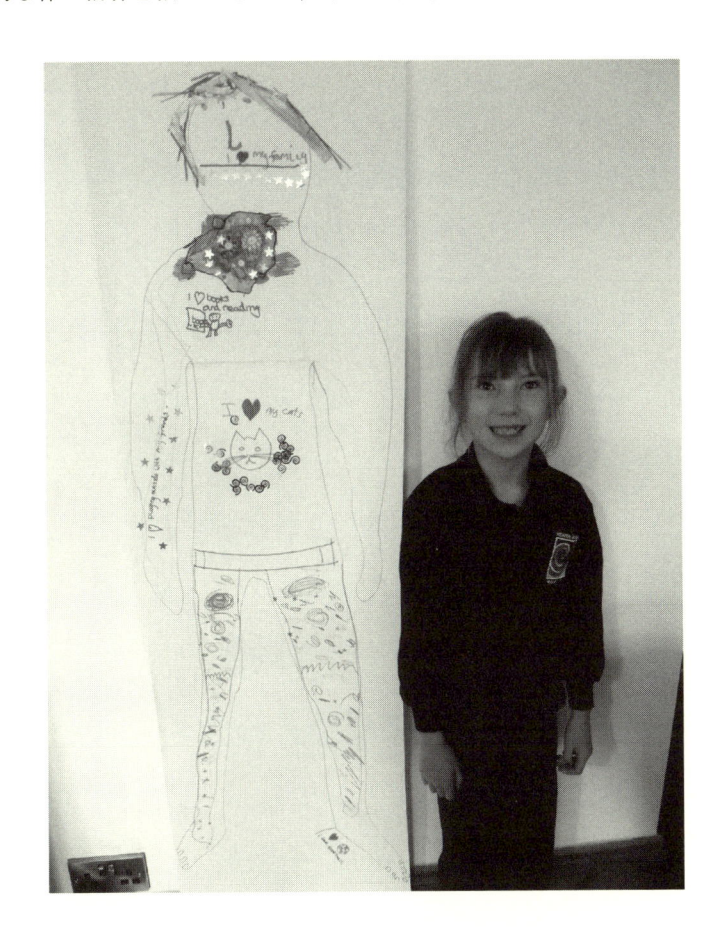

Building a Sense of Safety for the Child

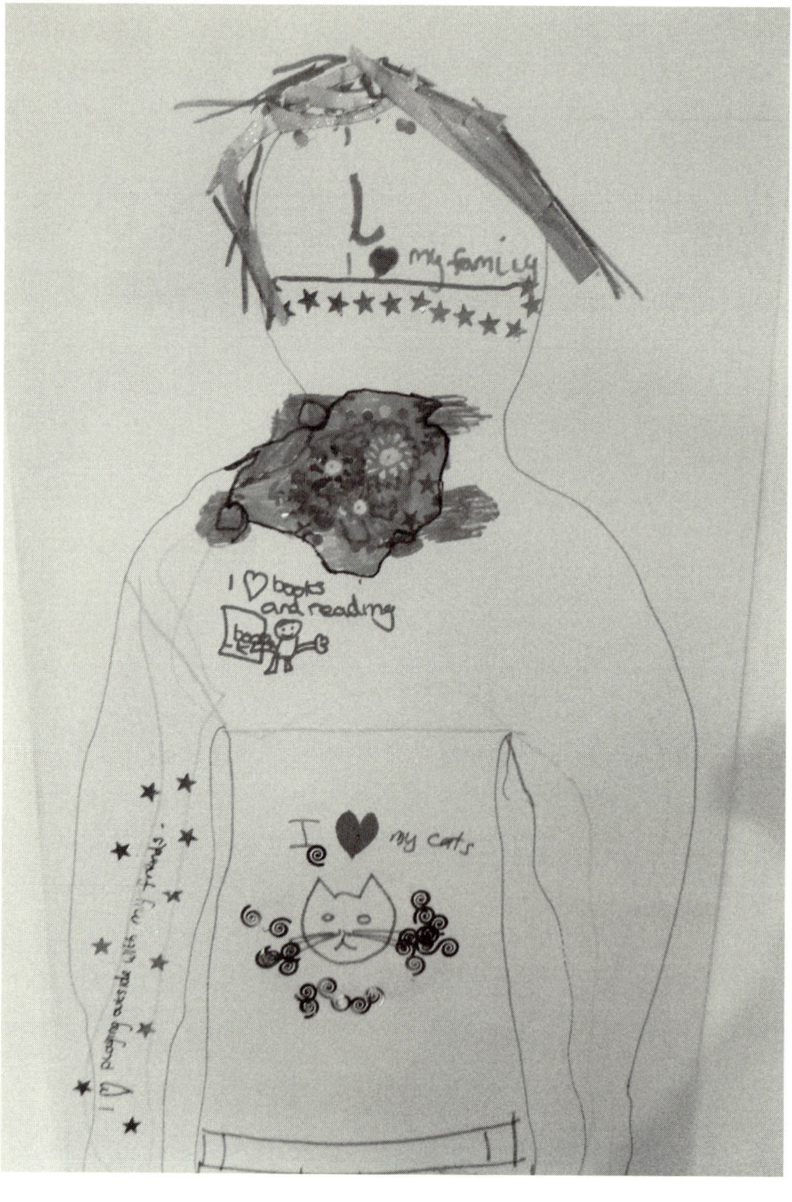
L
I ♥ my family
I ♡ books and reading
I ♥ my cats
I ♡ playing outside with my friends.

同じように利用する方がいいでしょう。里親や養親が参加している場合は，ワーカーの代わりに体の輪郭を描いてもらったり，子どもにまつわる楽しいアイディアや思い出を提供してもらえるのでワークがはかどることがあります。

またこのワークでは，子どもが自分の身長は何センチで体の大きさはどのくらいかなど身体像を見ることができるので，自分のアイデンティティーを考えたり自分はどんな人なのかを理解するのに役立ちます。

子どもの好き嫌いや好きな事柄（色，ペット，テレビ番組，アイスクリームの味など），そしてその子の個性を見つけ出すことはワークシートを使ってもできます。ワーカーが好きなものと子どもが好きなものが同じことも多々あります。一部の子どもにとっては，こうしたことを共有することが信頼関係を築くために重要なことです。

体の輪郭—初期の危険信号　バージョン2

用意するもの

　子どもが寝転がれるくらい大きな画用紙か壁紙（あるいは小さな紙を貼り合わせたもの），ペン／鉛筆。

進め方

　紙の上に等身大の子どもの輪郭を描く，あるいは体の輪郭を小さめの紙の上に描くか，体の輪郭のテンプレートを用意しましょう。子どもに緊張したり恐怖を感じた時のことを，なぜそうなったのか当時は理由が分からなかったとしても考えてみるよう言ってください。不安や危険を感じた時と同じように，ジェットコースターに乗った時のことや怪談話を聞いた時

など，楽しい，または，スリルのある状況で，怖い感情が沸き起こる時のことを用いることができるでしょう。

次に，そのような時に子どもの身体に現れるサインや徴候（あるいは初期の警告サイン）を突き止め，それらを体の輪郭の上に絵や文字で書きましょう。ワーカーは子どもにヒントを与えたり，自分自身の体験を話す必要があるかもしれません。これらのサインとしては，手が汗ばむ，顔が紅潮する，震える，呼吸が荒くなる，逃げ出す，心拍数が上がる，吃音になる，頭痛がする，唇をかむ，お腹が変になる，拳を握る，などがあります。

ワークの目的

- 子どもにストレスやトラウマが体にもたらす影響を教えます。
- ストレスや緊張を感じた時に体に現れる最初の兆候に子どもが気づくよう，サポートします。
- 感情を正常化させます。
- 感情が高ぶった時にコントロールする感覚を向上させます。

大切なこと

前回のワークと同様，性的虐待を受けた子どもや，ワーカーと身体的に近いと落ち着かない子どもには，体の輪郭を描くことは適切ではないでしょう。その場合は一般的な体の輪郭を描いたものや子どもに描いてもらった輪郭を使うとよいでしょう。

恐怖や緊張を感じていない時の体の感覚を子どもと一緒に考えましょう。もし恐怖や緊張を感じる頻度が少なくなったら，どのように生活は変わるでしょうか？　子どもは何をもっとしたいのでしょうか。

リラクゼーションのワーク

用意するもの

オプション：クッションと毛布

進め方

体と心をリラックスさせるのに役立つゲームはたくさんあります。今回紹介するのは私たちがよく使うゲームですが，その他にも色々あります。ここに紹介するのはキャサリン・オニール（Catherine O'Neill）が子ども向けに書いた『*Relax*（リラックス）』（1993）より抜粋したものです。

呼吸エクササイズ

呼吸をすることは，走ったり，遊んだり，おしゃべりをしたり，眠るために必要なエネルギーを体に取り入れることだと教えます。長距離を走る車に燃料補給が必要なのと同じことです。人は緊張すると上手く呼吸ができなくなることがあり，そのために体が正常に動かなくなるのです。

1. 風船

子どもにお腹の真上にある胸に両手を当てるよう指示しましょう。鼻からゆっくり息を吸い口から出します。息を吸ったり吐いたりする度に肋骨とお腹が動くことを意識させます。胸に大きな風船が入っているイメージを描きます。息を吸うと風船が膨らみ，息を吐くと風船はどんどん小さくなります。

2. ろうそく

呼吸の速度を遅くして気分を落ちつかせるためのエクササイズとして，指先がろうそくになったようにイメージしましょう。息を深く吸い，指先

のろうそくの火が消えないようにゆっくり少しずつ息を吐きましょう。

  3. 斧

　これは動作を伴う呼吸エクササイズで，強く否定的な感情の調整に役立ちます。手に持っている斧で，目の前にある大きな木の幹を割ってまきにするイメージを持ちます。両手で斧を握り，大きく息を吸いながら頭の上に持ち上げ，息を素早く吐き出しながら振り落します。何回かこの動作を繰り返します。

背骨

　このエクササイズは養親や養育者がセッションに参加していれば一緒に行うとよいでしょう。子どもに背骨を見つけてもらい，首からおしりまで伸びている長いラインの背骨にある小さな骨をすべて触ります。養育者の前で子どもは床に座るか，クッションにうつ伏せになってもらい，養育者は子どもの背骨に沿って指を走らせます。その間，子どもは，自分が恐竜で，小さなねずみが自分の背骨を骨から骨へ，つま先で下りていく，とイメージします。

　もうひとつの方法は，自分は人に撫でてもらうのが大好きな人懐こい猫か犬になったとイメージさせましょう。養育者には，緊張をほぐすように子どもの首から背骨に沿って優しくなでてもらいましょう。

足，脚，おしり，お腹，腕

　このエクササイズも親か養育者と一緒に行うと良いものです。養育者は子どもを毛布でくるみ，クッションか養育者の膝の上に寝かせて安心させます。同様に，体の各部分をリラックスさせながら，子どもに優しく話しかけます。まずは，足がふにゃふにゃに柔らかくなったり，リラックスしたり，重くなったようにイメージするよう，子どもに言いましょう。足がリラックスして上に持ち上がらなくなるようにイメージします。また気持ちの良い温度の足湯につかっているイメージを持ちましょう。それからそ

の気持ちのよい暖かさが全身に広がるイメージをするよう促します。次は手がひりひりするイメージをさせ，それから腕といった具合に体全体をイメージさせましょう。

手

　貴重なものを手に持っているように両手をボールのようにぎゅっと握りしめるよう，子どもに言いましょう。中のものを絶対に落とさないようにしっかりと握ります。それから両手を広げ，指がどんどん長くなるようなイメージで開きましょう。そして両手が本当に重くなり，だらんと垂れ下がるイメージを持ちながら両手を下ろします。

　この遊びをしながら頭の中にイメージを描きましょう。固く握った拳が花のつぼみとなり，暖かな夏の日差しの中でゆっくり開花する様子を想像しましょう。太陽が沈むとその花は再び閉じます。

マッサージ

　養育者か現在の親は，子どもの手や足にベビーローションを使ってマッサージします。私たちは手形や足形をつくるために，そこにベビーパウダーをふりかけます。そうすると帰宅後もイメージが残ります。それは育みとリラックスを表わしているのです。

スローモーション

　走ったり，飛び跳ねたり，握手するなどのいろいろな動作をスローモーションでやるよう子どもに促します。ワーカーや親，養育者も試してみてもいいでしょう。またスローモーションで気持ちを表すエクササイズに移ることもできます。これはセッション中にすぐに興奮したり衝動的な行動を取ったり，注意散漫になりやすい子どもが感情を調整するのに役立つ良いエクササイズです。

エクササイズの目的

- ストレスや不安を感じた時に自分で気持ちを静める簡単なテクニックを教えます。
- ライフストーリーのセッション中に感情の抑えが利かなくなった時，ワーカーや親，養育者は子どもが落ち着くためにサポートができることを示し子どもを安心させます。
- 子どもと親，養育者の間にアタッチメント関係を築きます。そして成長を促し，お互いの関係性を確認する機会を提供します。

大切なこと

　リラックスした体と心とはどのような状態なのかを子どもに教えるために，とにかく自宅での実践を何度も行うことです。効果は一夜にして訪れるものではないことを親や養育者に必ず理解してもらいましょう。

　後のセッションで，子どもに大きな負担がかかっていると感じた時に，こうしたテクニックを使うことができるでしょう。

chapter 3

第3章　エモーショナル・リテラシー

Emotional Literacy

エモーショナル・リテラシーとは，自分自身や他者の
感情に気づき，受け止め，適切に表現する力を指します

　私たちは，ライフストーリーワークのある部分を遂行しなくてはならない重圧に飲み込まれたり，情報を伝えることに主に焦点を当てたいという誘惑にかられることがあるかもしれません。しかし，ライフストーリーワークは，単に子どもの人生に関する事実を共有し，魅力的なバインダーに綴じ込むだけではありません。最終的な目標は，子どもが自分の歴史を理解し，ストーリーを胸に収めていく時機を得ることであり，さらに重要なのは，それらに関する感情を信頼できるおとなに表現することなのです。

　生まれながらに感情に名前を付けたり，感情を調整する能力に恵まれた人間はいません。マーゴット・サンダーランド（Margot Sunderland）は，『The Science of Parenting（子育ての科学）』（2006, p.21）の中で，脳の発達の臨界期である人生初期の5年間における情動を司る脳の部位の発達に，養育者がどれほどの影響を与えるかについて，わかりやすく説明しています。赤ちゃんの調整システムは，養育者が赤ちゃんの感情状態の変化を認識し，応答することによって，発達していきます。たとえば，養育者は，赤ちゃんが疲れていること，過剰な刺激を受けていること，お腹がすいたこと，おむつを濡らしたこと，苦しんでいることなどに気づき，子どもの要

求に沿って一貫した適切なやり方で応答し，その結果，乳幼児の感情はより整えられていきます。加えて，

　　情緒的な応答性が高い養育のもとでは，脳内で生理的な結合が形成され，後の人生でストレスをうまく処理することが可能になります。優しく，思いやり深くかかわりましょう。子どもの望みと夢に関心を払う意欲と動機を持ちましょう。深い落ちつきを体験しましょう。愛情溢れる親密性と平穏さを実現しましょう（Sunderland, 2006, p.22）。

　強い情動を整えるための，こうした一貫性や応答性のある呼吸の合った養育を経験してこなかった子どもたちは，生理的・情動的・認知的な自己調整能力が身に付いていません。子どもたちは，感情について考え・表現することを学んでこなかったのです。こうした子どもたちは，私たちがよく目にする社会的養護下の子どもの行動のように，過敏で衝動的であり，内省や熟考を欠くようになります。
　喪失，欲求不満，失望といった苦痛な感情に対処するのをおとなが手伝ってくれなければ，子どもの脳内や体内には，高いレベルの有害なストレス物質が長期にわたって分泌されることになります。もし，子どもがこうした感情を表現する言葉を持たなければ，かんしゃく，攻撃性，不眠といった行動として表出されるでしょう。望まない行動を罰するのではなく，養育者が子どもの強い感情を整えることができるように支援することによって，「ネガティブな感情を自然に調整するために必要な高次脳の神経回路の発達が促進されるのです」（Sunderland, 2006, p.119）。
　脳内のいくつかの言語領域は，トラウマの影響を受けます。トラウマは，経験を表現し，感情を言語化することを困難にします。もちろん，子どもは言語獲得の渦中にあります。それゆえ，子どもたちが「より創造的で満たされた力強い方法で考え，感じ，行動することが可能になるように，感情を表現し，区別し学ぶことを」（Sunderland and Engelheart, 1993, p.1）

手助けすることが，ライフストーリーワークの初期から重要になるのです。支援者は，子どもがどう感じたかをできるだけ正確に表現し，思いやりのあるおとなとの安全な関係の中で，自分の感情を探るスキルを発展させるようにかかわらなくてはなりません。感情を表現する言語力や，さまざまな出来事と感情を結びつける力を子どもが持っているかどうかを知らなければ，子どものライフストーリーに関する感情を共有することをどうして期待できるでしょうか。

加えて，他の人々とうまくつながりをもてるように，さまざまな状況で他人はどのように感じるのかを把握し予想できるようになることを，子どももまた必要としています。私たち「現実の人間」は，他者がどのように考え感じているのかを，質問や観察や仕草によって自分の予想を確かめ，素早く，多くの場合正確に推測します。これは，大部分が他者とのコミュニケーションに基づいており，それができなければ極めて不利な立場に置かれることになります。

私たちの経験からは，里親家庭や養子縁組家庭で暮らす子どもたちは，自分の感情体験を言語的に表現したり，さまざまな感情状態に名前を付けることに，常に苦心しています。これは特に，言語以前の発達段階でトラウマを受けた子どもに顕著です。もちろん，こうした子どもの中には，トラウマを受けている間に制限されたコミュニケーションに曝されており（「お話し」をしたら，恐ろしい結果が待っていたなど），話すことが脅威と感じられる子どもや，中には生命を危うくすると感じる子どももいることを忘れてはいけません。このような状況では，子どもの思考や感情を探求するイメージを用いることによって，子どもはより安全と感じられるようになるでしょう。性的虐待を受けた子どもとのアートセラピーに取り組んできたブラウン（Brown），コリンズ（Collins），マーフィー（Murphy）は，次のことを指摘しています。

性的虐待には言語化の困難さがあるので，アートセラピーは恐ろしい

事柄に接近する効果的な方法と考えられています。心の傷つきを象徴的に表現し，感覚的な経験を受け止めやすい方法で再び呼び覚ます機会を与えてくれるものです。加害者を罰したいという怒りや希望は，アート素材を通して，安全に導かれることになります（Creative Thinking（創造的思考），*Young Minds Magazine*, Brown et al., 2004）。

本書の読者の多くは，正式な心理療法の訓練がないままライフストーリーワークを企画し，子どもの感情表現を促すことに心配を抱えているかもしれません。「毛虫の缶を開ける」恐れを引き合いに出す者もいるでしょう。サンダーランドとエンジェルハート（Sunderland and Engelheart, 1993, p.5）の，「いくらかの注意は不可欠である」という警句は同意できるものです。アートを通して，子どもが傷つきや痛みを語ったり表現する時，できる限りの包容感や安心感を提供することが不可欠です。子どもが描いたものを解釈しようとしてはいけません。子どもが描いたものについては，こちらが思ったことを告げるのではなく，常に子どもにとって何を意味するかを話してもらいましょう。「もしあなたが本当に安全を望むなら，ただ耳を傾けることである。そこにいるだけで，大きなことをしているのです」（Sunderland and Engelheart, 1993, p.6）。ライフストーリーワークのファシリテーターとしての役割は，子どもが安全と感じられ，肯定的な感情も否定的な感情も話すことができる環境を作り上げることです。

ポジティブなことだけではなく，子どものすべての感情を受け入れ，尊重することの重要性を決して忘れてはいけません。子ども独自の体験に心を開き，耳を傾けることです。子どもがわくわくする，楽しい，苦しい，愛情深い，と感じることは，あなたの予想とは違っているかもしれません。

子どもの感情を「変化させる」ことを，密かな計画にしてはいけません。子どもたちは，自分なりの感じ方で物事を受け取ります。私たちは子どもの行動を好きになれなかったり，子どもの反応を完全には理解

できないかもしれませんが，どんな時でも腹を立てたり，悲しくなったり，興奮すること自体は許容されなくてはなりません（Blaustein and Kinniburgh 2010, p.256）。

本章では，子どものエモーショナル・リテラシーや表現を発展させ，ライフストーリーに対するさまざまな感情を正確に表現するためのいくつかのワークを提示します。

気分のボード／コラージュ

訳者注：コラージュとは，画面に新聞紙の切り抜きや写真などをはりつけ，特殊な効果をねらう技法

用意するもの

クラフト紙，雑誌やカタログ，はさみ，のり

進め方

子どもに，幸福，悲しみ，興奮，怒り，混乱などのさまざまな感情を表すイメージを雑誌から選んでもらいます。人や場所に関するイメージと同様に，色，線，形などの象徴的な表現でもかまいません。

子どもが選んだものを用いて，幅広い感情を表現する気分のボードを作成しましょう。

ワークの目的

・ワークに一緒に取り組み，さまざまなイメージを選んだ理由や，そ

れに関連する子ども自身の体験や感情を話してもらうことによって，子どもとの関係構築を図りましょう。
- 表情の違いや非言語的コミュニケーションを認識して，感情と結びつけることができるかどうか，今までの人生で起こった出来事や出会った人物と感情を結びつけることができるかどうかをアセスメントしましょう。
- ワークを通じて，家族成員やこれまでのライフイベント，あるいはライフストーリーワークのプロセス自体にともなう感情を表現できるツールを創り上げましょう。子どもが言語化に苦しんでいたり，アンビバレントな感情を抱いている時には，気分のボードが導入できます。

大切なこと

このワークは，特に次のような子どもに有効です。
- 母国語が外国語である子どもや，言語的なコミュニケーションが難しい子ども
- エモーショナル・リテラシーが貧しかったり，感情を表現することに苦しんでいる子ども
- 虐待によってコミュニケーションの制限や沈黙を強いられていた子ども

バイオレット・オークランダー（Violet Oaklander）は，『*Windows to our Children*（子どもの窓）』（1978）で，コラージュはすべての年齢の子どもにとって，優れた表現の手段であると述べています。もし，表面にくっつけたり刺したりできるさまざまな種類の紙（ティッシュ，しわが寄ったカード），布やその他の材質の素材（フェルト，織物）など，他のものが活用できれば，コラージュを感情表現と同様に感覚表現として使用し，「見て触って感じる絵画」を創ることができます。幸福，怒り，孤独といった感情が，色，手触り，パターンを通して表現されるかもしれません。このことは，感覚

が損なわれた子どもにとって，特に有効です。

コラージュは，個人，グループ，家族や親（養育者）と子どもといった単位で実施できます。

感情ジェスチャー

用意するもの

さまざまな感情状態を描いたカード（事前に準備しておくか，セッションの中で作成します）。表面には，感情を書くか（幸せ，混乱，興奮，孤独など），絵を描いておきます。

進め方

・基本

養育者やワーカーは，カードを取り，その感情状態を演じます。子どもはその感情を推測します。それから，役割を交代し，子どもが演じ，養育者やワーカーが推測します。

・逆転

養育者は，特定の感情状態の時の子どもがどのように見えるかを演じます。子どもは，その感情を当てます。それから役割を交代します。

・引き金になる状況

養育者やワーカーが困難な状況を演じ，子どもは考えられる感情ジェスチャーを推理しなくてはいけません。推測する助けに感情カードを使ってもかまいません。可能であれば役割を交換します。

代わりに，子どもと養育者は感情カードを一緒に選び，その感情を引き起こすシナリオを演じる，ワーカーはその感情を推測する，という方法も

あります。

ワークの目的

- 子どもと若干の面白さを含んだワークを行い、楽しさを共有しましょう。
- ワーカーがファシリテーターとなって、親／養育者と子どもが関係を構築しましょう。
- 子どもが自分の感情を伝える方法を学びます。セッションを通じて、子どもの出す手がかりや関連するパターンを読み取る術を学び、子どもの感情状態を変化させるより良い応答を身に付けましょう。
- 子どもが出来事や行動を、感情と結びつけることができるかどうかアセスメントしましょう。

大切なこと

　このゲームには無限のバリエーションがあります。したがって、子ども個人、きょうだいグループ、子どもと養育者など、このワークを行う状況に合わせて自由に改変してください。このワークは、親（養育者）が子どもの行動、コミュニケーション、要求、感情を正確で共感的に理解し応えることを学ぶ、ブラウスタイン（Blaustein）とキニバーグ（Kinniburgh）の子どもの養育システムを改編しています（Blaustein and Kinniburgh, 2010, pp.65-73）。子どもの行動の背景にある感情により良い反応をするため、私たちは感情の探偵となり、子どもがどのようにさまざまな感情を伝えようとするかに気づくことの大切さについて彼らは述べています。コミュニケーションの手がかりには、子どもの表情、声のトーン、話し方や姿勢などが含まれています。

Emotional Literacy

盾

用意するもの

ペンと紙，盾や紋章のテンプレート（簡単に手描きですませてもよく，必携ではありません）

進め方

私たちは皆，自分自身や自分の人格に関してさまざまな側面があるということを子どもに説明します。人や状況に応じて，私たちの感じ方や振る舞いは変化します。幸せな気持ちのように外に表す感情もあれば，内に秘めておきたい感情もあるでしょう。

各々の盾や紋章をつくるために，用意した盾のテンプレートを4つに分けて使うか，セッションの中で描くか，子どもにたずねます。それぞれの部分に，子どもは自分の感情を絵や言葉で記入します。例としては，ライフストーリーワークの始まり，生まれた家族からの別れ，虐待の加害者，永続的な措置や養子縁組への移行など，これまでの経過や人物に関する感情が挙げられます。このワークでは，特定の生育歴に対する子どもの認識や，人生についての現在の感情を確かめることもできます。

ワークの目的

- すべての感情は容認されるものであり，大切なものであることを受け入れましょう。
- ワークに対するアンビバレントな気持ちを表現する機会を与えます。ある人物やライフイベントに対する混乱や葛藤があるのは当然であることを明確にしましょう。
- 子どもの生育歴に出てくる人物や出来事への感情に対して洞察を与

え，子どもが自分の感情を表現することや受けとめることが可能かどうかアセスメントしましょう。

大切なこと

もしこの段階で，子どもの準備が整っていなかったり，自分の「内側の」部分を共有することを望んでいない場合，付箋を利用し，盾のどの部分を誰と共有するか子どもが決められるようにしてもよいでしょう。

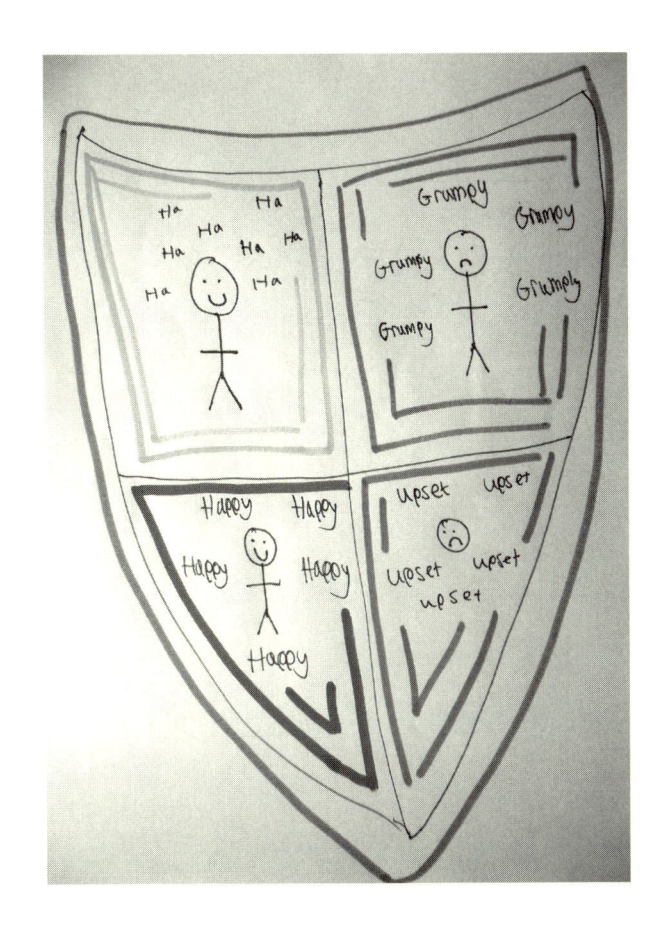

Emotional Literacy

このワークは，それぞれの部分への記入を通して，自分自身をどう見ているか，あるいは他人からどう見られていると思っているかを子どもに語ってもらい，子どものアイデンティティーや自己の感覚を確かめることにも応用できます。

同様の効果を狙ったものとして，自己の内面と外面を表すために，紙皿の両面を用いることもあります。

体の描写

用意するもの

さまざまな色のフェルトペンやクレヨン，壁紙・大きな紙・体の輪郭をした型板

進め方

大きな紙に子どもの体をぐるりと縁取ることが適切かどうかを確認し（もしくは養育者や親にしてもらう），難しければあらかじめ準備した体のシルエットを子どもに手渡します。

こちらが選んださまざまな色のクレヨンを渡します。幸せ，悲しみ，興奮，恐怖，不安，不幸，落ち着きといった感情に対して，それぞれの感情を感じる場所を塗ってもらいます。

ワークの目的

・体の中で感じられる感情に波長を合わせる力を高めましょう。
・他と比べて，どの感情が位置を突きとめたり名づけやすいかを学びましょう。

・特定の感情が支配的か，否認されているかを学びましょう。

大切なこと

　本書の中のワークはすべて，子どもが作ったものに興味を示すことが重要です。子どもにとって取り組みやすい課題もあれば難しい課題もあることに気づくようにしたいものです。体の特定の部位を特定の感情が支配しているかどうか話しあい，可能であれば恐怖や幸福，悲しみなどをどんな時に感じるかを語れるように促します。

心配の木

用意するもの

　画用紙，鉛筆やペン
　オプション：葉をかたどったテンプレート，のり

進め方

　子どもに木を描いてもらいます（難しい場合は，木の輪郭が描かれた図を手渡します）。心配事を木の葉に描きこみます。心配事を書きこむ葉の形の複製を渡し，木に刺すか貼ることができるようにします。創造的な子どもや年長児と取り組んでいる場合は，心配事をシンボルや言葉や色やイメージで表すように提案しましょう。
　その後，高さ，ルーツ，安定性，葉の枚数など描かれた木の性質について一緒に考えます。子どもの恐怖や心配を解きほぐし，解決策を考えることもできます。

Emotional Literacy

ワークの目的

- ライフストーリーワークの開始や企画について，特に難しい情報を分かちあうことについての心配な気持ちを表現できるように配慮しましょう。
- ライフストーリーに関する心配事を表現してもらいましょう。子ども自身やその家族について何を言われるのか恐れていることもあれば，よく知らずに自分のストーリーを組み立て，自責感に陥っていることもめずらしくありません。
- 心配事を伝えるために何が必要かを子どもと探索し，ワークを進めていく上での安全感を感じられるようにしましょう。

大切なこと

　ライフストーリーワークへの恐怖や不安を抱いている子どもを手助けするツールとしては，ヴァージニア・アイロンサイド（Virginia Ironside, 1998）の『*The Huge Bag of Worries*（巨大な心配のバッグ）』が挙げられます。時々，このストーリーを年少児と一緒に読み，彼ら自身の心配のバッグを作るように勧めることもあります。

感情のバッグ

用意するもの

　紙，ペン
　オプション：バッグをかたどったテンプレート

進め方

　これは，臨床心理士が子どもの感情をアセスメントするために発展してきたツールです（「感情のバッグは，子どもや若者の感情をアセスメントしたり探索したりするための表意文字の技法です」, *Clinical Child Psychiatry and Psychology*（児童臨床の精神医学と心理学），by Valerie Binney and John Wright, 1997）。バッグを描き（もしくはバッグをかたどった図を用意しておきます），子どもに「もし，このバックにあなたの気持ちが全部入っているとしたら，中には何が入っているかな？」と尋ねます。たとえば，「入室してくる時とても不安そうに見えたよ。バッグのどれぐらいが不安でいっぱいになったかな？　よくそんな風に感じる？　それとも今日だけかな？」というように，助け船を出すことも必要かもしれません。

　ある感情を表す色を選んでもらい，バッグを塗ってもらいます。支援者か子どものどちらかが，どの色がどの感情を表すかメモを取っておきます。その後，それぞれの感情の状態をひとつずつ詳しく聞いていきます。もしくは，すべてのバッグを塗った後に，それぞれの感情を別々に探求していきます。

　どちらの方法を選んでも，その感情について，できるだけ詳細に情報を求めましょう。「一番不安になるのはどんな時？」「いつそんな風になりそう？」「何が起こった時に不安になる？」「不安になった時誰が助けてくれる？」というようにです。

ワークの目的

- 子どもとのラポールを形成しましょう。
- 思考，信念，関係性と結びついた子どもの感情を引き出しましょう。
- 子どもの内的・外的現実に関する個人的な考えを知りましょう。
- エモーショナル・リテラシーと感情世界を表現する力をアセスメントしましょう。

Emotional Literacy

- 子どもが自分や他者について抱いている感情や内的世界についての理解を促しましょう。

大切なこと

このワークは，一対一の状況で用いることを想定しており，養育者やきょうだいが同席すると，子どもからの情報が得にくくなってしまうかもしれません。

子どもの中には，感情に名前を付けずに，感情を表す色を選ぶ方が適していると感じる子どももいるかもしれません。ビネーとライト（Binney and Wright, 1997）は，黒，紫，茶色などはネガティブな感情を表すことが多く，青，緑，黄色は一般的にポジティブな感情と結びついていることが多いと述べています。これは重要な指摘ですが，色について性急に仮説を立てたり解釈してはいけません。質問したり，子どもを知りたいという気持ちを伝えることによって，子どもの感情の質がより明らかになるでしょう。

このワークを，ライフストーリーワークのプロセスのさまざまな段階で繰り返すことは，ワークを通して子どもの感情が変化しているかどうかをアセスメントする（もしくは，変化を子どもに示す）上でも有効です。

第4章　レジリエンスと自尊心

Resilience and Self-Esteem

レジリエンスとは，重大なリスクや逆境に曝されながらも，良好な社会的発達や適応を遂げる力を指します

レジリエンスは精神保健や子どもの発達に関する理論として注目を集めており，私たちはライフストーリーワークにも関連すると考えています。ケイト・ケアンズ（Kate Cairns）は『*Attachment, Trauma and Resilience*（アタッチメント，トラウマ，レジリエンス）』の中で次のように述べています。

> 表面上は同じ経験をしたように見える子どもであっても，（訳者注：虐待などから）生きのびた後にさまざまなパターンを示すことは明らかです。同じ出来事が，子どもによって全く違った結果をもたらすこともあるでしょう。レジリエンスは動的な概念であるため，同じ子どもであっても毎回違う結果となるかもしれません。私たちは皆傷つきやすいのですが，他の人よりもずっと脆弱な人もいるし，出来事によってはだれもがより傷つきやすいこともあるのです（Cairns, 2002, pp.143-144）。

ライフストーリーワークにおいて，ワーカーとしての私たちの主要な役割は，子どものレジリエンスを高め，リスク要因を最小にすることです。それは，ストーリーをひたすら問題でいっぱいにするだけではなく，子ど

ものストレングスや人生で成し遂げたことをたたえるものになるよう心掛けることによって，ある程度は可能になります。結局，私たちの前に現れる社会的養護下の子どもたちこそが，レジリエンスの意味を教えてくれるのです。彼らは，不幸にして亡くなった子どもも存在するような，想像もつかない過酷な人生を生きのびてきています。キャサリン・ブロール（Kathryn Brohl）は「逆境に直面した多くの子どもたちは，トラウマを乗り越えるだけではなく，より強い人間になるように見えます。この逆境を乗り越えて成長し，外傷的な子ども時代を克服する力を『レジリエンス』と呼ぶのです」と述べています（Brohl, 1996, p.73）。

この領域でのワークにおける，もうひとつの重要な概念が，子どもの自尊心です。自尊心が自分への全体的な評価だとすれば，ワークに取り組む多くの子どもは，自分自身の捉え方が貧しくなりがちです。自尊心の発達は幼少期から始まります。メラニー・フェンネル（Melanie Fennell）は『*Overcoming Low Self-Esteem*（低い自尊心を克服する）』の中で次のように記述しています。

　　自己についての認識は，人生における経験の結果として発達していきます。もし，あなたの人生の経験が肯定的であれば，自己についての認識も肯定的なものになるでしょう。反対に，あなたの人生における経験が否定的であれば，自己についての認識も否定的なものになるでしょう（Fennell, 2009, p.25）。

子どもの達成やストレングスに光を当てると共に，ライフストーリーワークのもうひとつの目的は，子どもたちが人生の中で被ってきた喪失や傷つきの責任をもう背負わなくてよいのだ，と保証することです。年少児の認知発達の段階では，これらの否定的出来事に責任を感じがちです。このことに対する手当がなされなければ，子どもたちは将来起こりうる喪失やつまずきを，自分の無力さや力不足のさらなる証拠として捉えるでしょ

うし，将来の失望や失敗を克服する個人的な能力や強さを身に付けていくことはできないでしょう。ケイト・ケアンズ（Kate Cairns）は次のように述べています。

　洞察力や独立性の発達は，一貫したバランスのとれたライフストーリーの形成につながります。これが連続性のある自己感覚，アイデンティティー，自尊心の基礎となるのです（Cairns, 2002, p.145）。

それでは，ライフストーリーワークのプロセスで，子どもの個人的・社会的レジリエンスの質をどのように高めていけばよいのでしょうか。

- はらはらしたり，共に楽しめる活動や経験を提供しましょう。ゲームやワークも問題解決スキルを強化しましょう。
- 子どもが成し遂げたことに関する記事や写真を編纂しましょう。ワークの中ではどんな小さな達成も祝うべきです。
- 子どもが周囲の世界を探索することができ，良好なアイデンティティーを発展させることができるようなワーク・アート素材・新聞・本にふれられる環境を整えるようにしましょう。こうしたアイデンティティーの形成は，生みの親からの分離のプロセスを助けてくれます（Brohl, 1996, p.76）。
- 里親や養親との関係の重要性を確認し確信を持てるようにしましょう。
- 子どもがライフストーリーを安全に辿れる基盤を提供しましょう。子どもの人生において，たった1人でも重要なケアを提供してくれるおとなが存在することは，レジリエンスの重要な指標となります。それは，家族のメンバーであることもあるし，教師や近所の人，スポーツのコーチであることもあります。しかし，子どものネガティブな体験や自己認識を捉え直し，回復に向けたレジリエンスを発展させていくのを手助けするのは，まさにあなたなのです。

・子ども自身の優れた点に気づかせ，自分の可能性に対して目を開かせましょう。虐待を受けた子どもやトラウマを受けた子どもは，否定的なストーリーを聞いて育つため，未来に対する期待が低いことがあります。今の子どもや未来の姿に対してはっきりと信頼を表すことは，子どもの自己感覚に大きく影響を与えます。
・子どものおかれた文化・民族・社会的背景に，それまでの成長のプロセスで受けてきた偏見や知識の不足を埋め合わせるだけの，肯定的なイメージを与えましょう。たとえば，子どもの家族が外国籍であった場合，家族成員の情報をほとんど持たないでしょうが，その国や民族にまつわる肯定的で興味深い事実を一緒に紐解いていくことはできます。

本章のワークを行うことで，喪失やトラウマを伴う家族ストーリーで覆われていない，新しく，おそらくより肯定的な子どものストーリーへと導くことができるでしょう。ライフストーリーワークのプロセスでは，子どもの良いところを探し，困難な状況をどう切りぬけたか，今ケアしてくれる人の存在などを探ることで，レジリエンスや自尊心を高める機会を多く持てるでしょう［参照：Rebuilding Attachments with Traumatized Children（トラウマを受けた子どもとのアタッチメントの再構築）by Richard Kagen, 2004, p.173］。

自分についてのコラージュ

用意するもの

　なるべく多くの種類の雑誌，紙，ペン，工芸用品，のり

進め方

　子どもに雑誌に目を通してもらい，自分自身やパーソナリティ，人生の中で感じていることなどを表すと思われる絵を選んでもらいます。子どもが選んだものをできるだけ多く雑誌から切り抜き，紙にそれらを貼り付けコラージュを作ります。もし子どもが望めば，自分で絵や言葉，装飾を付け加えてもいいことを話しておきます。

ワークの目的

- 子どもが自己イメージを探索するのを励ましましょう。
- 子どもの自尊心をアセスメントし，それを高める機会を見つけることができるように手助けしましょう。

Life Story Work with Children Who are Fostered or Adopted:Creative Ideas and Activities

大切なこと

　子どもの文化的・民族的背景に沿っており，ジェンダーや発達段階に適した雑誌を集めなくてはなりません。このワークが難しいと感じる子どもに対しては，どんなものを選んだらよいかを示す必要があるかもしれません。たとえば，速く走るのが好きな子どもには車の写真を，旅行に行った子どもには道路の写真を，というようにです。子どもの中には，選ぶイメージが非常に具体的で，同じ目の色で同じ髪型で，というふうに視覚的に正確な画像を見つけようとしがちな子どももいます。一般的には，年長児は自分を表す，より抽象的で象徴的なイメージを上手に見つけられます。自尊心が低い子どもに対しては，子どもの良いところを見つけられるように手助けすることも求められます。その際に述べることは真実であり，誠実でなくてはいけません。もし話をでっち上げれば，子どもはそれを見破るでしょう。

気が晴れる方法

用意するもの

　紙，ペン
　オプション：雑誌，クリップアート／インターネットの画像

進め方

　物事がうまくいかない時に，気が晴れるために行うことのリストを，子どもと一緒に作ります。子どもが嫌な気分になるのは何が起こった時なのかを最初に考え，子どもなりの解決方法を確かめていきます。子どもが落

ち着く方法がわかった時にはそれを記録します。子どもに書いてもらってもいいし，実際にしたことを描いてもらってもよいし，子どもが許せばワーカーが書いてもよいでしょう。リストにしたがって，将来の困難な状況に対して何をするかを考えることもできます。アイディアには次のようなことが含まれます。安全な場所を思い浮かべる，信頼するおとなのところに行く，感情を書いたり描いたりする，深呼吸やリラクゼーションの技法を用いる，外を走り回る，10数えるなど，安全なやり方で子どもが思いつくことなどです。個人的な考えでは限界がありますが，自分を落ち着かせる方法については，その他にも多くの方法があります。

ワークの目的

- 子どもが困難な状況に対して用いることができる対処スキルを発見しましょう
- 子どもにスキルを身に付けさせ，さらに幅広い対処行動のレパートリーを発展させましょう
- 自尊心を高め，無力感を低減させ，統制感を向上させましょう

大切なこと

　子どもが良いと思った解決法の中には，自分を傷つけたり罵ったりした者を殴るなど，実際は不適切なものがあるかもしれません。年長のティーンエイジャーには，煙草を吸う，酒を飲む，薬物を摂取する，といったことも含まれるでしょう。少なくともひとつは，子どもがより効果的で現実的に身に付けられる方法を見つけるようにしたいものです。より良い新たな適応的な方法を一緒に探し，それを実行できるように勇気づけることが目的です。それぞれのセッションの中で，その週では何が効果的だったかを，子どもと一緒に確認するのもよいでしょう。悪いのは感情自体ではない，ということを忘れてはいけません。実際に，怒りの感情は変化の強力な動機になりうるものです。

子どもがワークで答えを見つけられず苦しんでいる場合は、お気に入りのヒーローや模範となる人物、子どもの尊敬する人は、その状況でどのように振る舞うのかを尋ねてみましょう。これは、次の「子どものヒーローを見つける」のワークを終えた子どもには、効果的でしょう。

ライフストーリーの中で困難で痛みの伴う出来事について話す時にどのような対処方法が利用できるか、また自分を落ち着かせる方法を見出す必要性についても話しあうことができます。子どものライフストーリーを書き上げる時には、これらの肯定的なイメージや成功体験が、子どもの現在の柔和な姿の一部として含まれるでしょう。

子どものヒーローを見つける

用意するもの

紙、ペン
オプション：おしゃれな服、おもちゃの人形

進め方

子どもに、お気に入りのヒーロー、ストーリー、映画、TVのキャラクターなどを挙げてもらいましょう。あなたの技量次第ですが、描いたり、演じたりなりきったりすることによって、そのキャラクターへの理解を深めます。そのキャラクターの好きなところや、子どもが共感する良いところを挙げてもらいましょう。子ども自身とキャラクターの間の共通点を尋ね、適切な部分に関しては、ワーカーから勇気、決断力、優しさなど何らかのポジティブな部分を指摘します。子ども自身の課題となる状況で、ヒーローであればどう対処すると思うかを一緒に考え、子ども自身の反応

や資質と結びつけるように努めます。ポジティブな要素については，それが失われないように描いたり書いたりすることによって，ワークに引き込むようにします。子どもが使用した玩具や子どもがヒーローを演じる姿を写真に撮ってもよいでしょう。これらは最後のライフストーリーブックの制作にも用いることができます。

ワークの目的

- 子どものレジリエンスと自尊心を構築しましょう。
- 現実の生活状況に見られる，子ども自身の良き資質と同一化できるように手助けしましょう。
- 人生の選択において，特にトラウマを受ける間に経験した無力感に対して，克服とコントロールの感覚を育みましょう。

大切なこと

　子どもがポジティブなことや成功した瞬間を記録しておくことが重要です。これは，言葉でも，絵でも，写真でも可能です。子どもは自分が成し遂げたことの確固たる記録を手にし，自分の人生において重要なおとなに見せることができます。それが子どもに対する肯定的なメッセージを強化するさらなる機会になるのです。

　このワークは，終わりのない可能性を秘めており，子どもの興味に左右されます。自分のスーパーヒーローを創り上げることを希望するかもしれないし，子ども自身のストーリーを語ることを希望するかもしれません。あるいは，キャラクターを演じたり，自分について書いたり，絵を描くことを望むかもしれません。大切なのは，キャラクターの良き資質を引き出そうと努め，根拠のある方法で，それを子どもと関連付けていくことです。

誇りに思うものは何？

用意するもの

紙，ペン，クレヨン，フェルトペン
オプション：星や盾をかたどったテンプレート

進め方

　盾もしくは星の形をいくつか紙に描くか，子どもが書き込めるようなテンプレートを用意しておきます。多くの人が，これまでの自分の言動の中で誇りに感じることを思い返すだけの時間を，十分にとっていないことを説明します。子どもがしたこと（あるいはしなかったこと）の中で，誇りに思うことを盾や星の中に言葉や絵で描いてもらいます。それぞれの盾や星は，異なった人や状況を表しており，子どもはポジティブな記憶や成し遂げたことを記載できるようになっています。

　自信のない子どもにとっては，子どもに応じて状況を提示しておくとよいでしょう。「生みの親／里母／友達／兄弟／姉妹と一緒にいる時」「学校／家で」「休日／今日／昨日」といったさまざまな状況で「誇りに思うもの」を一緒に考えていきます。ワーカーが思いつかなかった状況を子どもが付け加える時のために，いくつか盾や星の空きを残しておきましょう。

ワークの目的

・さまざまな状況やさまざまな人と一緒にいる中で，子どもの成功を見出し褒めましょう。
・自尊心とレジリエンスをさらに高めましょう。
・ライフストーリーブックに取り込むポジティブなストーリーを集めましょう。

Resilience and Self-Esteem

大切なこと

　自分には誇りに思えることがないと感じている子どもたちから，成功例を見つけるのは苦心するかもしれません。しかし，子どもが語ったことをリフレーミング（訳者注：あらためて見直すこと）することによって，しばしばより肯定的なストーリーが生まれます。たとえば，子どもが「いつも妹に腹を立てていた」と語る時には，その子が叩いたり怒鳴ったりしなかった時を見つけることです。たとえ怒っていても，その時は自分をコントロールできたということは，誇りに思えることではないでしょうか。

　ポジティブな達成や子どものストレングスを引き出すためには，セッション中に見たことや，養育者や教師から聞いたことを指摘することもできます。子どもが自分自身について誇りに思う瞬間を見出し，心からそう信じられることが目的ですが，そこに至るまでには助けが必要かもしれません。もし，里親や養親と一緒にワークに取り組んでいるのなら，彼らは助けになってくれるでしょう。

私と同じ／私と違う

用意するもの

　A4用紙を4等分し，それぞれ「私と同じ」「私と違う」「少し私と同じ」「わからない」と見出しをつけます。怒り，悲しみ，幸福，社交的，親しみやすい，独りぼっち，親切，孤独，コントロールできる，コントロールできない，退屈，興奮といった感情や人格の特徴が記載された小さなカードも必要になります。ポジティブなものからネガティブなものまで幅を持たせましょう。

進め方

　子どもにそれぞれのカードを確認してもらい，どこに分類するか決めてもらいます。もし知らないものであれば，「わからない」に置きます。子どもが最もあてはまると思う場所にカードを置きます。時間をとって，その言葉が子どもにとって何を意味しているのかを考えます。たとえば，「私と同じ」に置いたのであれば，なぜそこに置いたのかを尋ねましょう。

　生みの親や養育者，教師など，他の人々が子どもの判断に賛同するかどうかを一緒に考えます。もし子どもが自分について貧しい感覚を抱いていて，肯定的な資質に同一視できなければ，子どもが良いところを示した時を例に挙げるようにします。支持的な養育者が味方についてくれるワークでもあります。それでも，肯定的な感情が見つからなければ，それが子どもにとって何を意味するのかを理解するように努めなければなりません。共感は強力な道具にもなりえます。

ワークの目的

- 子どものアイデンティティーを探りましょう。
- 子どもが極端に否定的な自己イメージを抱いている場合は，自分に対してよりバランスの取れた見方ができるように手助けしましょう。

大切なこと

　生活年齢と同様に，個々の子どもの発達段階を考慮しなくてはいけませんが，より年長の子どもに適したワークです。エモーショナル・リテラシー（情動を調整する能力）やアイデンティティーを探るためにも用いられます。年少児にとっては，第3章の「感情のバッグ」や第2章の「体の輪郭」の方が適当かもしれません。

Resilience and Self-Esteem

スターのドア

用意するもの

紙，ペン
オプション：色紙，のり，ステッカー，ピカピカのシールなどコラージュの素材

進め方

大きな紙の上に，ドアを描き，その上に大きな星を描きます。これは子どもの更衣室のドアで，星はみんなに「この子はスター（有名人）だ」と話していると説明しましょう。この星の上にほしいものを描くように子どもを促します。子どもがどうして有名なのか，子どもが達成したすごいことはなにかを話し合い，言葉や絵で紙上に記録します。子どもの投影と，現在の子どもの中に認められる資質との間に，つながりを見つけるように努めましょう。

ワークの目的

- 子どもの潜在的な可能性や希望，夢を探り，楽しい想像性を働かせる経験をしましょう。
- 子どもが成功を思い描き，どのようにそれを感じるか想像できるように促しましょう。
- 可能性を開き，未来への希望を表現することによって，子どもの自尊心を高めましょう。
- 子どもの「スターへの秘められた可能性」をワーカーが信じていることを伝えましょう。

大切なこと

　これは，どの年齢の子どもも楽しめるワークです。子どもが自分がスターであると想像できるよう，本気で取り組みましょう。
　このワークは子どものストレングスを褒め，自尊心や信頼感を構築することができます。子どもが希望に満ちた未来へと眼差しを向けるライフストーリーワークの最終段階にも役立つものです。

chapter 5

第5章　アイデンティティー

Identity

　「アイデンティティーは不思議でつかみどころのない現象だと言われます。それは定義することが難しいものです。ある時は当たり前のものとして感じられるにもかかわらず，ひとたびなくなると必死になって探し求められるものなのです」(*The New Life Work Model*（新しいライフワークモデル），Edith Nicholls, 2005, p.6)。私たちの大半は，アイデンティティーの概念が何を意味するのか理解したいと思っているはずです。アイデンティティーは私たちを固有の存在にします。もし「あなたは誰ですか？」と尋ねられたなら，きっとあなたは以下にあげるリストのいくつか，あるいはすべてを用いて自分自身を示そうとするに違いありません——名前，年齢，学歴，職業，どこに住んでいるのか，パートナーや子どもがいるかどうか，あなたが育った家族や家族との関係，友人のグループ，宗教，趣味や関心，好きなことと嫌いなこと，価値観 (*Life Story Books for People with Learning Disabilities: A Practical Guide*（LD児者のためのライフストーリーブック—実践ガイド），Helen Hewitt, 2006, pp.7-8)。

　ヘレン・ヒューイット (Helen Hewitt) は，学習障害を持つ人々がこれらの問いに答えることにたびたび困難を見出すことに焦点を当てました

が，私たちがここで主張したいのは，それと全く同じことが社会的養護のほとんどの子どもと養子縁組した養親家族についても言えるということです。慣習的に，家族は子どもに関するすべての知識の源泉です。しかし，生みの家族から離別してしまった子どもは，往々にしてそのような情報を一貫して入手することができなくなっています。ヴェラ・ファールバーグ（Vera Fahlberg）は『A Child's Journey through Placement（措置をめぐる子どもの旅）』の中で以下のように記しています。

　子どもたちが生活体験を共有してきた人たちと繰り返し分離されるならば，子ども自身の生育歴は断片的になってしまいます。そのような子どもたちにとって，自己（self）の強い感覚を発達させることはいっそう難しくなるのです。子どもの過去が現在の行為にどのような影響を及ぼしているのかを，子ども自身が理解することについても同じことが言えるでしょう……私たちの過去の歴史は，私たちが誰であるかを裏付け，私たちにアイデンティティーの感覚を与えるのです。（Fahlberg, 1994, p.353）

　子どもたちは，出生後から自分自身が誰であるかという感覚を発達させます。子どものアイデンティティーは，家族メンバーや他のおとなや子どもたち，または友人や自分がいる共同体のメンバーとの関係を通して発達します。しかし，アイデンティティー形成のプロセスで，トラウマ，つまり家族と共同体からの離別や喪失によって強い衝撃を受けている場合には，子どもたちに「尊敬，愛，承認，激励のメッセージ」を提供することが特に大切になります。というのも，それらは子どもたちに「自分自身が誰であるかという肯定的な感覚と，自分がどこにいても重要な貢献ができるという思いを発達させる」からです（*Aistear: The Early Childhood Curriculum Framework*（幼児期教育課程の枠組み），National Council for Curriculum and Assessment, 2009, p.25）。ライフストーリーワークを行う上で非常に

重要なのは，子どもに自分の家族や生育環境，文化，宗教的信条，言語に対して肯定的なメッセージを提供することです。生みの親がどんな仕打ちをしてきたとしても，あなたは生みの親が与えてくれた良いことを探し出さなければなりません。たとえば，子どもの髪の毛や目の色，抱きしめてくれたことやフィッシュアンドチップスを食べた思い出がそれにあたるかもしれません。

　黒人と少数民族の子どもたちのアイデンティティーのニーズには，特に注意を払わなければならないでしょう。その子どもたちは生みの親から引き離された際，自分自身を孤立したマイノリティーとして感じているかもしれません。私たちは，海外から来て保護施設を転々とする子どもたちや難民の子どもたちと仕事をすることが増えてきています。海外から来て養子にされる子どもたちについても同じです。このようなケースでは，その家族の適切なあり方にあなた自身が精通しておくことが大切です。つまり，子どもの生みの家族の出身国とその子どもの文化的，宗教的生活を理解する必要があるのです。「私たちの民族的，文化的，宗教的背景は，健康的な自己の感覚を形づくるのにかけがえのないものです。それは，自分が何者であるか，何が自分を形づくっているか，自分がどこから来たか，それらを知っているという感覚です」(Rose and Philpot, 2005, pp.27-28)。あなたの予想と異なる意見が子どもから出ても，偏見に基づいた憶測はすべきではありません。トニー・ライアン（Tony Ryan）とロジャー・ウォーカー（Roger Walker）は次のように述べています。

　　社会は本来，国によって異なるように構造化されています。したがって，家族，親子関係，親の義務の概念は，あなたが慣れ親しんだものとは異なるのです。子どもの出自を理解するのを手助けする時には，このことを知った上で繊細な配慮をすべきです。(Ryan and Walker, 2007, p58)

イーディス・ニコルズ（Edith Nicholls）は，一時的な養育者（生みの家族や里親のいずれもありうる）の重要な役割として，子どものアイデンティティーを促進させることと自尊心を育むことを挙げています。また，彼女は，短期間の養育者を，子どもにとっての「過去へのリンクと未来へのブリッジ」とたとえています（Nicholls, 2005, p.30）。あまりにも多くの子どもたちにとって，生みの家族や社会的養護制度で経験してきたことが，自己の感覚に否定的な影響を与えています。この傾向を逆行させるために，里親はできうる限りのことをするべきなのです。

私たちはライフストーリーワークとの関連で，障がいのある子どもたちのニーズを明確にすることも重要であると感じています。その子どもたちは，他の子どもとまったく同じように，正確な生育歴の一部始終を説明される権利を持っています。現在と将来にわたって障がいが自分たちのアイデンティティーに与える影響は大きく，その子どもたちと関わる上で見過ごすことができない領域です。しかし，ワーカーや親，養育者がこの点に直接働きかけるのに気乗りしないことが時折出てくるはずです。このような状態は子どもとどのように理解し合えばよいのか不安に感じた結果である場合や，もしかすると子どもの混乱を防ぎたいという願いから生じうることもあります。子どもを理解することは，この領域の仕事で成功するための鍵ですし，支援の仕方を方向づけます。子どもが一番よく理解し合う人と関係を築き，サポートを求めましょう。あるいは状況に合わせて大幅に方法を変化させなければならないかもしれません。たとえば，視覚より聴覚を用いる媒体を使うことや，コンピューターや他のコミュニケーションの補助器具を使うなどです。

ライフストーリーワークでは，諸々のワークは子どもを理解することと，子どもが自分の人生と自分自身に関する認識を深めることに狙いを定めるべきです。子どもの視点を私たちが理解するまでは，子どもの知識のどこに誤解や欠落，または呪術的な思考が存在しているか，見当がつきません。もし，メモリーボックスやメモリーブック，あるいは写真アルバムを子ど

Identity

もが持っているなら，それらから情報を引き出すことができるかもしれません。同様に，（もし安全が損なわれることがなければ）生みの家族，以前の養育者，学校から情報を引き出したり，ワーカーに連絡をとって調べてもらうこともできるでしょう。

　この章では，子ども自身のストーリーの理解とストーリーにおけるその子どもの役割，子どもの出自に対する見方と里親や養親に対する見方や子どもの自己の感覚と愛着関係などを調べるのに役立つと考えられるさまざまなワークを紹介しています。また子どものジェンダー，能力，背景，民族的背景と文化を考慮した教材を提示することも狙いの1つです。

手形と足形のワーク

用意するもの

　紙，絵の具あるいはハンドクリームとタルカムパウダー

進め方

　子どもの手形と足形，あるいはその片方のみをとります。絵の具を使うかハンドクリームを使うかは，それを行う場所と日時によります。もし絵の具を洗い流す設備があり，床張りがふさわしいものであれば，絵の具を使用できるでしょう。もしハンドクリームを使うのであれば，タルカムパウダーを上から振りかけると，とても綺麗に仕上げることができます。これらの手形や足形が汚くなることもありますが，記録として写真をとっておいてもよいでしょう。

ワークの目的

- 創造的なワークを通して子どもと一緒に楽しみましょう。
- その子を特別で固有の存在にしているものの1つへの理解を示しましょう。
- 子どもの自己の感覚を築きましょう。自己の感覚は，人としての個性とユニークさです。

大切なこと

　もし場所の都合や個人的な好みで，絵の具やハンドクリームを使うのが汚いと感じるのなら，子どもの手の周りに線を引いてその線の中を色付けして飾ることもできるでしょう。

　時には，養育者や親が子どもと一緒になって，手形や足形をとることがあります。これは子どもの手形・足形と他の人のものを比較をする機会を与えてくれます。似ているところを探したり，サイズや形を比べることは楽しみでもあります。また，ハンドクリームをお互いの手に塗り合うことは，子どもをいつくしみ，肯定的な接触の良い機会でもあります。私たちはこのワークを，これから暮らす家族の中で子どもが自分のポジションを補強するための区切りのワークとして使うこともあります。

　子どもたちは，しばしば自分の手形・足形を家に持ち帰って，壁に貼りたがります。その場合は，必ず写真を撮っておいて，子どものストーリーに手形や足形を加えましょう。

人生の表／人生のマップのワーク

用意するもの

　大きな紙とペン，あるいはクレヨン

Identity

オプション：テーマに合う写真，雑誌，工作の素材やクリップ・アートのイメージがあるとよい。

進め方

子どものライフストーリーを象徴するイメージを，子どもと一緒にデザインします。それはその子ども自身の経験の良い時と悪い時の両方，人生のそれぞれの段階を反映したものにします。子どもは自分のストーリーを描くために，日付，名前，場所を書き込み，絵，写真，シンボルを使うこともできます。ここでは子どものペースを尊重することを忘れないようにしましょう。というのも，子どもは時系列に沿って出来事を思い出すことはあまりないですし，今その場で自分にとって大切なことから始めたがることがほとんどだからです。

レニー・ロソウ（Renée Rossouw）は次のように注意を促しています。子どもたちは「人生早期の出来事をはっきりと覚えているとは限らず，時には彼らに与えられてきた情報が正確ではないこともあるのです」（Life story book work - weaving together the strands（ライフストーリーブックワーク—エピソードを紡ぐ），*Child and Youth Care*, Rossouw 2003, p.14)。しかしながら，初期の段階では，あなたは子どもが間違っていると感じても，それを訂正したいという誘惑に耐えなければなりません。この段階は，子どもが自分のストーリーを間違って理解していたり，誤解しているところを見つけ出すチャンスなのです。あなたは子どものストーリーのどこに埋めるべき空白や，訂正すべき歪んだ考えがあるかを知ることになるでしょう。一回のセッションで人生のマップを完結しなければと思う必要はありません。翌週以降に何度でも立ち戻って再度取り組めばよいのです。

このワークは，あなた次第でクリエイティブなものになったり，シンプルなものにもなりますが，子どもの興味に応じてテーマを決めれば，子どもの関心をひくことができます。たとえば，おもちゃの車で遊ぶのが好きな小さな子どもには，道路標識や路面表示を使い道路地図のイメージをつ

くることで，子どものストーリーの質を高めることができるでしょう。私たちは，スポーツの喩えやテレビドラマのスターがストーリーを伝えるのに使われるケースを見てきました。

ワークの目的

- 子どもの立ち位置とストーリーへの理解をワークの初期に見極めましょう。子どものイメージに何が欠けているのかを見極めることと同じく，子どもが何を選んで採り入れるのかに注意を払うことからあなたは多くを学ぶはずです。
- 子どもがこれまでに経験してきたあらゆる困難と同様に，子どもの成功と達成を探り出しましょう。そうすることで，子どものレジリエンスと自信を後押しする機会となり，子どものストーリーが問題に満ちたものにならずにすむのです。
- イメージを子どもと一緒に作りあげることで子どもとの関係を構築しましょう。

大切なこと

このワークを生みの家族に対しても用いることで，過去の経験に対して生みの家族の視点を知ることができます。つまり，子どものストーリーに関する複数の視点が得られることになるのです。複数の視点すべてが重要なのです。しかし，子どものストーリーにそれらを組み込む前に，子どもが複数の真実を消化できる発達上の能力があるかどうか，しっかりと見立てておくことを忘れてはなりません。

ライフストーリーワークのエモーショナル・リテラシーの時期に培った力を用い，子どもが人生の表にある出来事と感情をつなげられるように促すことができるかもしれません。

Identity

家族を描くワーク

用意するもの

紙とペン，えんぴつ，絵の具のいずれか。
オプション：布や色紙のようなコラージュに使える材料とはさみ。

進め方

　子どもに自分の家族を描くように促します。その家族には子ども自身を入れ，何かを一緒にしているところを描きます。子どもによってはシナリオを考えた上でないと描くのは難しいので，ちょっとしたきっかけを与えます。たとえば，お出かけした時のことや，おやつの時間，特別な祝い事の日のことを描くように提案してもよいでしょう。子どもが自由に絵を描けるように促し，子どもが家族だと感じている人は，誰であれ含めるようにします。よくあるのは，家族の一員としてペットが登場することです。
　イメージに出てくる人物が誰であるか，彼らが何をしているのか尋ねることで，子どもと一緒にイメージをふくらませましょう。そこでようやく，家族のメンバーに対する子どもの気持ちと，子どもがその人々の関係をどのように理解しているかについて話し合うことができるでしょう。絵に登場する人物が「お互いにしゃべる」ように促したり，吹き出しを加えることもできるでしょう。しかし，とりわけ大切なのは，子どもとその家族についてもっと知りたいというあなたの興味と好奇心を示すことです。
　子どもが誰を絵の中に入れて，誰を排除しているかを見ると興味深いことがあります。生みの家族しか描かない場合は特に注意しましょう。里親や養親が絵の中にいるかどうか？　家族が一緒に何かをしているか，家族のメンバーはばらばらなのか？　誰が誰の近くに描かれているか？　そして，子どもが描く人々の様子が書類上の情報と合致しているか？

ワークの目的

- 子どもが家族をどう見ているのかということと，子どもが家族の一員だと思っている人について見立てましょう。
- 家族メンバーとの関係で，子どもがどこに自分を位置付けているのかを見つけ出しましょう。
- 家族生活と発掘されたストーリーについて，また家族で経験したエピソードについて，子どもと話し始めましょう。

大切なこと

　このワークは，何らかの理由で言葉によるコミュニケーションが困難な子どもたちに特に役立ちます。というのも，その子の絵はストーリーをとても豊かに表現し，長い説明を必要としないからです。

　子どもが最初のイメージで誰を描くかによっては，あなたは思い切って別の人を描くようにお願いしてみてもいいかもしれません。たとえば，子どもが里親宅の庭でバーベキューを楽しんでいる自分のイメージを描いたならば，次には，生みの家族と一緒にした出来事を描いてみせてと頼むとよいでしょう。

ジオラマ風の表現をする

用意するもの

　大きな紙と次に挙げるようなさまざまな小物，たとえば，人々，恐竜，動物のミニチュア，または小石，貝殻などの拾った物など。かばんや箱に入れて部屋まで運びこめるものであれば，ほとんど何でも使えます！　私

たちは家庭訪問の際に即興で，テーブルに置いてある小物を使うことさえあります。小物は，違う大きさや，男性，女性の人形を揃えたり，優しい表情や攻撃的な表情の動物を揃えて，子どもに選択させましょう。

進め方

　子どもに自分自身を象徴する物を選ぶように勧めます。おそらくそれが，一番その子どもらしさを表すものになるはずです。子どもと一緒になぜそれを選んだのか考えましょう。はっきりとした理由があるかもしれないし，ただ単に目に留まっただけかもしれません。選んだ物について子どもが話すように促してみてください。子どもによっては，形，色，大きさなどを描写することでかなり具体的に説明できるかもしれませんが，特徴や人格についても考えるように促します。

　子どもに大きな紙の上の好きなところにその物を置き，その周りに独自の世界を造るように促します。子どもの人生で重要な人々を象徴する物を選ぶように促すのです。それらの人々は家族，友人，ペット，あるいは一緒に住んでいる人かもしれませんし，子どもが会ったことのない人やもう亡くなった人かもしれません。

　子どもが自分自身を象徴する物の周りに新しい物を次々と置いていくのに任せてみます。それらがどのように置かれるかで，その人のことをどの程度親しく感じているのか探るのです。それぞれが誰を，あるいは何を象徴しているのか，そして，なぜ子どもがその物を選んだのか考えてみましょう。この時，子どもにその人がどのような人なのか，いくつかの形容詞を用いて描写するように頼んでもいいかもしれません。紙の上のそれぞれの物の周りを線で囲って，子どもがそれらを描写するのに使った言葉を書き込んでもいいでしょう。そうすることで，全体像を失わずにすみます。子どもが言ったことをあなたが覚えておくのに役立つでしょうし，あなたが正確に理解しているか子どもに確認するのにも役立ちます。子どもたちは往々にして，あなたが文字にすることを好むものですが，まずは子ども

に聞くことが大切です。思い込みは禁物です。

　ジオラマ中のものを移動することで，動きをつけることができることもあります。もし子どもが，生みの母を離れたところに置いたとしましょう。そこであなたは，これまで母を身近に感じたことがあったか，あるいは今母が近くに来るためにその母ができることがないか，子どもに尋ねてもよいかもしれません。物を移動することによって，子どもが人々についてどう感じるのか，また時とともに人々が移動したり，関係が変わることについてどう感じるのかを実際に試してみることができるのです。

ワークの目的

- 子どもが誰に対して情緒的に身近だと感じているか，一緒に考えましょう。また，他者との関係に関して子どもの感じている距離感を確かめましょう。

Identity

- 子どもの自己の感覚について学びましょう。また，子どもが自分と他者を象徴するためにどんな物を選ぶのかを見て，他者をどう見ているのかを知ることができます。
- あなたが気づいていない，子どもにとって重要な人々について知ることができます。
- 子どもがジオラマから意図的に除外する人々を見つけ出しましょう。
- 時とともに変化する人間関係についての可能性を明らかにしましょう。たとえ物事が「行き詰まっている」と感じられる時があったとしても，人間関係と感情はいつも同じ状態に留まるとは限りません。
- 未来の人間関係についての希望を表明しましょう。

大切なこと

このワークでは，子どもの前に提示する物の数量について慎重に考えなければなりません。幼い子どもや衝動的な子どもは，選択肢があまりにも多いと圧倒されてしまうものです。キャサリン・ジェルダード (Kathryn Geldard) とデイビッド・ジェルダード (David Geldard) は，著書『*Counselling Children: A Practical Introduction*（子どものカウンセリング―実践的導入）』(1997) の中で，ミニチュアの動物コレクションの数を最高50個までに制限すると述べていますが，私たちの考えでは，子どもによってはミニチュアが10個もあれば十分です。また彼らによると，このワークは7歳以上の子どもに最も有効です。というのは，7歳以前の子どもは抽象化したり予測する能力が未熟であり，また物に思考を投影することが難しいからです。

同様に，このワークのプロセスを子どもに説明する際には工夫をしなければなりません。私たちの経験では，あなたが「近い (close)」という言葉を物理的な距離の近さを示す意味として用いても，子どもは「親しさ (close)」という意味として思い込むことがあります。あなたからそれとなく，子どもが重要だと思っている人々のことを言ってあげてもよいかも

しれません。それ以降は，子どもが選んだものに言及する時は，それが象徴する人物の名前ではなく，物の名前（恐竜，虎，羽など）で呼ぶことを覚えておきましょう。なぜかというと，以下の理由からです。

　子どもが安心して，属性，特徴，行為をミニチュア動物に投影できること。（その子どもではなく）動物が，否定的属性や肯定的属性，または受け入れがたい属性の所有者になるのです。こうすることで，子どもは自分自身の内にあるけれども，受け入れることができない否定的で望まない言動を気兼ねなく他のもののせいにすることが可能になるのです。
　（Geldard and Geldard, 1997, p.101）

このワークが終わったら，ジオラマの写真を撮って，ライフストーリーブックの中に収めましょう。

島をデザインするワーク

用意するもの

　絵を描く紙，ペンか鉛筆
　オプション：雑誌，ハサミ，糊。

進め方

　子どもに自分専用の夢の島を造るように促します。その際自分が望むどんな特徴でも付け加えてよいと伝えます。なお，子どもは5つの特別な所有物を島へ持っていくことが許されています。これらは人々でも物でもよいのです。

Identity

子どもとの話し合いでは，どんな種類の島が描かれているか，また子どもが何を持っていくのを選んだのかに焦点を当てます。子どもによっては基本的なニーズが満たされるようにするでしょう。たとえば，家屋を入れることで住む場所を確保したり，果物の木を入れて食べ物の心配をなくすというように。ある子どもはおとなを一緒に連れて行くでしょう。それは子どもを世話する人がいるということを意味するのかもしれません。ある子どもは，島の周りを鮫でぐるりと囲って，自分の安全を保とうとするかもしれません。

ワークの目的

- その子どもにとって何が，あるいは誰が重要なのか洞察しましょう。
- 夢の島と子どもの過去や現在の状況との間でどんな違いがあるのか考えましょう。
- 家庭をつくるために何が必要とされているのか，子どもと一緒に考えましょう。
- 子どもの愛着関係を見立てましょう。

大切なこと

このワークは多様に変化させることができます。年長の子ども向けのより複雑なやり方として，3つの孤島を描かせる方法もあります。1番目の島は幻想の島で，子どもが一緒にいたいと望むすべての人々や，欲しいすべての物があるところです。2番目の島は1番目の島と橋でつながっています。子どもはこの橋の入場門の鍵を持っているため，幻想の島へ誰が出入りできるかをコントロールできるのです。この2番目の島にある人や物は，子どもにとって会いたいけれどもいつも一緒にいるのには好ましくない人や物，たとえば学校や特定の家族のメンバーなどを置くことができます。3番目の島は，1番目と2番目の島から離れており接近不能です。ここに置けるのは子どもができれば二度と会いたくない人々や物，たとえば

自分に虐待を加えた人や，若者あるいは学校（また出ました！）などです。

子ども向けジェノグラム／ファミリーツリー（家系図）のワーク

用意するもの

　紙とペン。
　オプション：クリップアートのテンプレート，家族の写真や感情を表す顔のカード。

進め方

　子どもに家族全員を入れた絵を描いてほしいと説明します。この段階では，子どもの家族に関する認識を理解することが重要です。それゆえ，もし子どもが正確に家族の輪郭を描けなくても，心配することはありません。子どもに自分で描きたいのか，代わりにあなたに描いてほしいのか尋ねましょう。
　子どもに誰から描き始めたいのか聞きましょう（友人やペットを入れたがるかもしれませんし，子どもを真ん中に書くエコマップのように書いてもよいでしょう）。一般的なジェノグラムでは四角や丸の形の記号を使うものですが，ここでは子どもが好きな形を選ぶとよいでしょう。あなたがいくつかの形をリストアップしておいて，子どもがその中から選ぶということもできます。確認してほしいのは，今は身近にいないけれども，かつて家族の一員だと見なされていた人が含まれているかどうかです。その人はもう亡くなっている人や，姿を見せない親や以前の親のパートナーである可能性があります。同じように，子どもの家族の一員であるけれども，家族

Identity

に含めたくない人々がいるかもしれません。

　エモーショナル・リテラシーのワークの際に身に付けた力で，子どもとそれぞれの家族の情緒的結びつきを理解することができるでしょう。たとえば，感情を表す顔のカードを子どもに与えて，どのカードをそれぞれの家族メンバーの横に置くのか聞くのです。選ばれた顔はその家族メンバーを象徴するのかもしれませんし，その人に対する子どもの気持ちかもしれません。

　これを機に，家族について話し合うのです。一番やかましいのは誰？ 落ち込んだ時は誰のところへ行くの？ あなたのママ，おばあちゃん，きょうだいを描写する3つの単語を挙げてみて？ 一番問題を起こすのは誰？ 良い子なのは誰？

　あなたが情報を持っている場合，あなたに出生や死亡，結婚または離別の日付を書き加えるように求めてくることがあります。家族の写真を持っていたら，貼ってほしいと言うかもしれません。

ワークの目的

- 子どもが家族構成をどのように見ているのかについて，情報を引き出しましょう。
- 時間の経過と共に家族がどのように変化したのか，子どもの人生に誰が加わり，誰が去っていったのか，子どもが理解するように手助けしましょう。子どもは家族の変化を理解するのが難しいので，複雑な関係は余計なストレス要因になることがあるためです。
- 子どもの家族についての会話を深めましょう。

大切なこと

　子どもとジェノグラムを作図するには，正しい方法はありません。このワークの目的は，家族関係とダイナミクスを調べることです。しかしながら，私たちは大抵，より一般的なファミリーツリー（家系図）をライフス

トーリーブックに付け加えます。それは，子どもの家族に関して分かりやすく，可能な限り正確な情報です。社会的養護下の相当数の子どもが，自分の家族の誕生日について知る由もないことがわかるにつれ，私たちの気は重くなります。だからこそ，私たちはしばしば誕生日のリストも作るのです。

　不安が強い子どもは，アイコンタクトが必要のない紙の上での課題に集中をした方が，より快適に感じられるはずです。子どもがアンビバレントな気持ちを抱いている家族メンバーに関して話をする時などは，特にそうでしょう。

Identity

第6章　情報の共有と統合

Infomation Sharing and Integration

　ヴェラ・ファールバーグ（Vera Fahlberg, 1994）は，生みの親の元で暮らしていない子どものライフストーリーブックの重要性を最初に唱えた論者の1人です。生育歴に関する情報を共有することに関して，彼女は以下のように強く主張しています。

　　自分自身の歴史を知ることができなかった人が，心理的に健康なおとなとして成長することは困難です。子どもの過去の情報をおとなが共有することを躊躇するということは，それがあまりにも悪い情報なので若者は乗り越えられないということを暗に意味してしまいます。過去がどのようなものであっても，子どもはその時期を生き抜いてきたのです。若者はすでに生き抜くためのスキルを持ち合わせているということを証明しているのです。事実を伝達する方法次第では，子どもが過去を理解し受け入れることを手助けし，自己肯定感を高めることができますが，逆に自尊心を下げてしまうこともあるのです。（Fahlberg, 1994, p.354）

　子どもは，自分のライフストーリーに対する理解を広げ，内面化して

いくプロセスを経ることで，それを自分の人生として統合することができるでしょう。さらに重要なのは，過去に経験したトラウマは子どもには何ら責任がないことを理解し，納得していくことです。その結果，子どもは，自分が「悪者」なのではなく，何か悪いことが自分の身に起きただけなのだと気づき，自己肯定感を高めることができます（Brohl, 1996, p.40）。リチャード・ローズ（Richard Rose）とテリー・フィルポット（Terry Philpot）は，この内面化のプロセスを，「自分が精神的，社会的，文化的，家族的にどこに属しているのかということについて子ども自身が感情的レベルで理解すること——また，子どもがこれまでの人生をいかに歩んできたかということを理解すること」だと説明しています。（Rose and Philpot, 2005, p.91）

ライフストーリーワークのこの段階では，子どもに，事実に基づいた物語（ナラティブ）が知らされ，自分の身に何が起こったのか，なぜそれが起こったのか考える機会が提供されます。（Rose and Philpot, 2005, P.91）ここでは，第3章で言及したエモーショナル・リテラシーのワークが活用できるかもしれません。ライフストーリーや過去のトラウマについて子どもとの有意義な対話をするのはあなたの仕事です。子どもはこれらをどう扱えばいいのか，あなたからの分かりやすく，力強い手引きを必要としています。私たちの任務は，事実を伝えること，それと同じくらい子どもが出来事を理解することを手助けすることなのです（Rose and Philpot, 2005, p.92）。事実とは常に意見の一致がみられないものであり，場合によっては不明瞭です。しかしながら，

　誰が，何で，どこで，どうして，どのようにおとなの世界が動いているのかについてより多くを知ることで，子どもはより世界の意味を捉えるようになります。事実に基づいた情報が伝達されなければ，子どもは（おとなも）「推測」し，穴を埋めてストーリーや説明を完成させていくしかありません。多くの場合，子どもの抱く恐怖と幻想（ファンタジー）

は，事実より恐ろしく不穏なものです。(*Principles of Clinical Work with Traumatized Children*（トラウマをうけた子どもへの臨床の基本）. Bruce Perry, 1995, p.2)

子どもは，自分の過去について非常に断片的にしか記憶を持っていません。場合によっては，記憶をまったく持ち合わせていない子どももいます。リチャード・カガン（Richard Kagan, 2004）は，トラウマがいかに子どもの感覚を閉ざしてしまうのか説明しています。そのため，音，におい，イメージなどの身体の感覚だけが残るのです。彼は以下のように記しています。

> 概してトラウマとは耐えられないものです。生き抜くためには，子どもはそれを断片（pieces）に切り離さなければならなりません。この断片を再び接続することは難しいのです。このように，トラウマは，子どもの壊れた人生とばらばらになったアイデンティティーを映しだす，打ち砕かれた鏡のようなものです。(Kagan, 2004, p.34)

私たちの経験では，歴史的な情報を共有し，子どもがそれを理解することを支援するプロセスは，しばしばライフストーリーワークで最もやりがいのある部分です。子どもは，親のアルコール依存，薬物乱用，精神疾患，性的及び心理的虐待，身体的な被害，社会的養護における措置の不調など，痛みを伴うトラウマティックな体験を生き抜いてきたのです。もしかしたら，子どもには知らされていないきょうだいが存在するかもしれないし，現在もそのきょうだいだけ実親の元で暮らしているかもしれません。

ワーカーとして知りうる情報のなかには，耐え難いものが含まれていることがあります。そのため，それをどのように子どもに伝えるのか非常に悩みます。たとえば，レイプや近親相姦で生まれたという事実や片方の親がもう片方の親やきょうだいを殺してしまったというケースなどが考えら

れます。このような場合，子どもがその詳細について知る必要があるのか，またその時期はいつなのか，自問することになるでしょう。あなたは，サポートとアドバイスを得た上で，自分の意見を固める必要があります。

　1章の提案を参照にしながら，子どもとトラウマティックな出来事を話し合うことを恐れないでほしいと思います。

　ブルース・ペリー（Bruce Perry）は以下のように気づかせてくれます。

> 子どもが「考えないこと」や「頭から追い払う」ということで利益を得ることはありません。もし子どもが，自分の養育者がある出来事について動揺していることを感じ取れば，子どもがその話題に触れることはないでしょう。長期的に見れば，それは子どもの回復をより困難にさせるだけなのです。(Perry, 1995, p.1)

　私たちは，ライフストーリーワークの主要なゴールの1つは，子どもが自分の人生について，より筋の通った，バランスの良い見方ができるようになることだと信じています。

　その目標を達成するためには，一般論でいうと，子どもは自分の生育歴にまつわる事実を知る必要があります。もちろん，それぞれの子どもの状況が異なることを忘れてはなりません。

　ホリー・ヴァン・ガルダン（Holly Van Guldan）とリサ・バーテルズラブ（Lisa Bartels-Rabb）は，養親は子どもが8歳になる頃までには，子どもの生育歴の難しい事柄についても共有することを推奨しています（Talking about a difficult adoption story（難しい養子縁組のストーリーについて話し合おう），*Adoptive Families Magazine*，2000）。10代になるまで待つ方が得策だと思われるかもしれませんが，それは，苦痛を伴う事実を知るには最悪のタイミングになりかねません。思春期とは，生みの親について否定的な情報を内面化（納得）し，自分のアイデンティティーに投影していく時期です。そのため，子どもが自滅的な考えや気持ちを持つことにも繋が

りかねません。年齢が低ければ，子どもは難しい問題について向き合うことにより多くの時間を費やすことができますし，周囲の大人からのサポートを受け入れやすいでしょう。これは，すべての社会的養護の子どもに言えることです。

　あなたが収集した情報を子どもと共有する前に，子どもが自分の過去についてどのように語るのかということを知っておく方がよいでしょう。子どもの記憶にあることを質問することで，子どもが自分の生育歴に対してどのような思いを抱いているのか知ることができます。もちろん，語りがたい思い出や考えも含まれることでしょう。

　ジュディス・ハーマン（Judith Herman）は『*Trauma and Recovery*（心的外傷と回復）』で，以下のように記しています。

　　自責の念は，早期幼児期の通常の思考形態と一致します。それは自己というものをすべての出来事の参照点とみなすものです。これは，トラウマを受けたすべての人々が自らの行動に過失を見出し，自分の身に起こったことを理解しようと試みる思考プロセスと一致します。(Herman, 1997, p.103)

　ライフストーリーワークをする際には，子どもが抱いている根深い罪と恥の意識のために事実を隠すことがあるということを常に念頭に置く必要があります。

　子どもにどんな事柄についてもっと知りたいか，またはどんなことを質問したいのか聞き，さらに誰がそれに応答できるのかをたずねることによってさまざまな反応がもたらされるでしょう。子どもによっては，このような質問に喜んで答え，調査を要する数ページにもわたる質問を出してくれることでしょう。一方で，自分はすべて知っていると感じているか，質問すること自体があまりにも苦痛を伴うという子どももいます。これらの子どもとのワークは，とりわけ慎重に進めていく必要があります。その

子どもたちは自分が直面するかもしれないものに怯えているのかもしれません。子どもとワークを始める際には，重たい話題よりも，自分の星座や誕生石，その子の誕生日に起きた出来事など，子どもがより楽しめる話題からスタートする方がよいでしょう。こういった情報はインターネットで見つけることができます。

　あなたは，子どもの肯定的な面を発見したり，子どもが新たな情報を理解するような，困難なセッションに備えるためのいくつかのワークを通じて，すでに子どもと十分な時間を過ごしてきたことでしょう。

　しかし，いくら用心深くセッションの準備をし，慎重に情報を共有したとしても，子どもによっては，自分の生育歴のより苦痛を伴う事柄に直面することに強い抵抗感を示す場合があります。ワークを最後までやったとしても，あなたが期待した通りには子どもが自分のライフストーリーを統合できていないと感じることもあるでしょう。あなたが不十分だと感じたとしても，それが今その子どもが向き合える限界点だということを受け入れて，終結としましょう。

　子どもによっては，自分が聞いた事柄を納得するのに他の人より長い時間を要するかもしれません。もしかすると，自分のストーリーに対する新たな理解を得るまでには，機が熟すための時間が必要かもしれません。重要なのは，ライフストーリーワークとは，単発の取り組みではなく，それが真の意味で終了することはないのだと知っておくことです。子どもが成長するにつれて，新たな疑問が生まれてくるでしょうし，発達に応じてより的確な情報が必要になります。

　本章では，子どもが知る必要のある情報を共有したり，子どもが情報に対して持つ感情，情報がどのような意味を持つのか，といったことについて考える際に活用できるツールを紹介します。

Information Sharing and Integration

人生の表／人生のマップのワーク パートⅡ

用意するもの

　第5章であなたと子どもが作成した，人生の表／人生のマップ，ペンやクレヨン
　オプション：写真，雑誌，クラフトの材料，テーマに応じたクリップアート素材

進め方

　このワークの最初のイメージは，子どもの成育歴についてのすでに詳細なものであるかもしれませんし，より漠然としており，今ここでの関心事になるかもしれません。このワークの表やマップをきっかけとして，子どもと共有したいより詳しい事柄，ストーリーや事実を加えていけばいいでしょう。子どもの歴史は，年代順に描写した方が，わかりやすくなることがよくあります。

　このワークを始める前に，子どもが書いたマップや表に，新しい情報やイメージを書き足していいか，子どもに確認しましょう。子どもがそうしてほしくないと言った場合は，同じような図を描き，子どもの書いたものの横に並べましょう。そうすれば，同じ時系列に沿って見ることができます。この時点で，どのような情報を子どもに伝えるか考えます。子どもがすでに知っている事柄についてふれたり，新たな情報を伝えることについての準備性や耐性も考慮しましょう。話し合ったり，書いてみたり，イメージやイラストを使いながら，特定の出来事を伝えることができるでしょう。子どもはそれに対して，自分なりの考えや気持ち，記憶を書き加えたいと思うかもしれません。どこから始めてもいいのですが，私たちの経験からは，最初はあまり感情的にならないところから始めた方がよいで

しょう。たとえば，以前の里親や教師との肯定的な思い出などです。

　このワークの一環として，子どもの記憶と相容れない情報を伝えることがあるかもしれません。子どもには，別の観点から見たストーリーとして紹介します。それがどこから来たのかを説明して，子どもの反応を見てみましょう。過去の出来事についてのさまざまな見方を統合していくプロセスは，一生かかる作業だといえます。ですから，子どもが今あなたに伝えることや現在の子どもの気持ちを常に尊重しましょう。

　子どもの生育歴のなかで，よりつらかった時期について子どもの理解に大きな空白がある場合は，あなたがこの時期に関する情報を持っているがそれを知りたいと思っているか，子どもに聞いてみてもいいでしょう。子どもによっては，すでに「なぜ私は社会的養護の下で暮らすことになったの？」などの質問をしているかもしれません。その場合は，この話題を持ち出し，言葉やイメージを用いて人生のマップや表に書き込む方が簡単です。どの程度の情報を子どもに伝えるかは，子どもの発達段階や難しい情報に対する子どもの対処能力に応じて判断すべきです。『Working with children, Volume 2（子どもとの作業　第2巻）』でルイス・メルヴィル（Louise Melville）は以下のように述べています。

　　子どもの身に起こったことが非常につらいことであったと理解した上で，それを前向きな方法で扱えれば，子どもが過去を克服し，現在と未来に向かっていくための手助けができるのです。子どもが聞き入れがたい情報を伝える時には，子どもが自分の気持ちを表現できるように，エモーショナル・リテラシーを参考にするといいかもしれません。大切なのは，この作業がいかに困難で痛みを伴うことなのかということをあなたが理解しており，子どもの努力をあなたが評価しているということを子どもが分かっているということなのです。

　つらく困難な内容を相当量扱ったセッションの最後には，ゲームをしたり，今日のこれからの予定などを話して，子どもを現実世界に戻すこ

とを忘れてはなりません。(Melville, 2005, p.3)

ワークの目的

- 子どもにライフストーリーに関する情報を，クリエイティブかつ年齢相応の方法で伝達します。子どもの自己肯定感を後押しするような肯定的なストーリーもあれば，子どもが社会的養護のもとで暮らす原因となったつらい出来事もあります。年長の子どもであれば，ある出来事について異なる見解を聞き入れることができるでしょう。たとえば，ソーシャルケアや他の専門職，実親などの関係者の意見の相違が明らかになることもあります。
- 子どもの過去のストーリーについて，既存ものとは別のストーリーを提案し始めます。それは，子ども自身の見方や信念に異議を唱えるものかもしれないし，子どもが「空白を埋めるために」作り上げてきた誤解やファンタジー（幻想）を訂正することになるかもしれません。
- ライフストーリーワーク進行中の子どもの質問に対して，事実に基づいた正直かつ感受性豊かな説明をするよう努めるべきですが，過度な非難・批判はしてはなりません。特に，実親に対しては，子どもはその家族の一員であり，同一視していることもあるため，あまり痛烈に批判しないように気をつけます。

大切なこと

　このワークが成功するかどうかは，子どもの年齢と子ども自身が自分の生育歴について知りたいと思っているかにかかっています。ある子どもは，あなたが知っているすべての情報を教えてほしいと要求するかもしれません。しかし，それが適切なのかどうか，よく考える必要があります。他の人の情報に関する守秘義務や個人情報保護についても配慮が必要です。低年齢の子ども（8歳以下）に対しては，一般的な内容について話をします

が，飾り立てたりしないことが重要です。子どもがどう感じているか，特に，取り乱したり，落ち着かない様子がないか，常に確認します。短期間のうちに，何度もこのワークをすることになるかもしれません。通常，8歳から12歳の子どもは，以前より家族史に興味を持ちますし，自分が幼かった頃の話を聞くことを好みます。また，この頃になれば，分かりやすく，はっきりと説明すれば，「過去，現在，未来が繋がっているという感覚が立ち上がる」（Fahlberg, 1994, p.94）といわれているように，なぜその事が起きたのか理解できるようになります。

　成長するにつれて，子どもの生育歴の短縮版である「カバーストーリー」が役立つかもしれません。「カバーストーリー」とは，子どもが友人などに不必要な情報をさらしすぎないように事実を省略したものです。時として，子どもは，誰が信頼に足る人物か判断することができず，無差別にすべてを教えてしまうことがあるのです。そうではなく，「わたしの家族はいろいろと問題があって，わたしを育てることができなかった」というような若干ぼやかしたストーリーを伝える必要があります。

　あなたの仕事は，子どもの不安を包み込み，あなたにどのような情報が与えられたとしても，また子どもがいかなる反応を示したとしても受け入れることができると安心させることだと覚えておいてください。子どもに対して，わかりやすく，自信を持って説明するために，どのように説明するか計画を立てておいた方がよいでしょう。それに対して同僚がどう思うか相談してみましょう。また，事例が載っているライフストーリーワークに関する文献も参考にしてください。ジョイ・リース（Joy Rees）の『*Life Story Books for Adopted Children*（養子のためのライフストーリーブック）』（2009）などの本にも，つらいライフイベントを説明する際に役立つ言い回しが載っています。何よりも重要なのは，あなたが伝えるストーリーによって子どもが自責の念を感じなくなり，自分が世話され，愛される存在なのだと信じられるようになることです。

　子どもがなぜ実親の元から離されたのかということについて説明する際

には，イーディス・ニコルズ（Edith Nicholls）が3つの親モデルに関連した5つの理由を示しています。彼女は，子どもの親が，育ての親として果たすべき複雑な務めをすべて果たすには，親自身が問題を抱えていたのかもしれない，または，親は今まで一度も誰かを養育し，ケアする方法を教わってこなかったのかもしれないと述べています。あるいは子どもを育てるには，あまりに重い病気を抱えていたのかもしれないし，親になる方法を学ぶことが不可能だったのかもしれません。あるいは，親自身が間違った子育ての方法を見せられてきたのかもしれません。(Nicholls, 2005, p.156)

仮に子どもが話したがらなかったり，人生の表に入れたくないような非常につらい出来事があったとしても，子どもが準備できた時に情報にアクセスできるようにライフストーリーブックの中では説明しておく必要があります。

3つの親のゲーム

用意するもの

郵便受けの穴がある4つの箱（そのうちの1つは他の3つが入るくらい大きい箱），3つの「親モデル」のカード（カードに書く内容については後述）

進め方

ファールバーグ（Fahlberg, 1994）が最初にこの3つの親モデルについて書き，他（Ryan and Walker, 2007, Nicholls, 2005）もこれに倣っています。イーディス・ニコルズ（Edith Nicholls）は，子どもが，親業の複雑さについて理解できるようにゲームを考案しました。多様な年齢の子どもに活用できるように，自分なりにアレンジしてみてください。

イーディス・ニコルズ（Edith Nicholls）は，このワークをするために以下のような準備と計画を立てることを勧めています。まず，4つの箱を用意します。そのうち1つは，他の3つが入るくらい，大きいものを用意します。一番大きな箱に「親がすべきこと」というラベルを貼ります。そして，残った3つのボックスには，「生みの親の役割」「育ての親の役割」「法的な親の役割」というラベルを貼ります。それぞれの子どもに応じてラベルに書く名前を変えてみても構いません。カードには以下のようなそれぞれの親に属する役割を書きます。

「生みの親」の役割
・目，髪の毛，肌の色
・見た目—顔や口，鼻の形
・体格，かっこう，身長
・どのくらい賢いのか
・足や手，耳のサイズ
・性格—照れ屋，騒がしい，おしゃべり
・特技—アート，音楽，スポーツ
・どんな病気になる可能性があるか

「育ての親」の役割
・安全を守る
・あなたが自分に自信を持てるようにする
・宿題を助ける
・いろんな場所に連れて行く
・服やおもちゃ，本を与える
・清潔で暖かい家を用意する
・無条件に愛する
・適齢に達したら，学校や幼稚園に連れて行く

- 病院や歯医者に連れて行く
- 成長するために良い食べ物を与える
- 良い事と悪い事を教える
- 寄り添ったり，抱きしめてくれる
- 新しいことを学習する手助けをする

「法的な親」の役割
- 学校の遠足や修学旅行に行く許可を与える
- あなたの名前を決め，出生届を出す
- 家族や友人の家に泊まったり，休暇旅行に行く許可を出す
- どの予防接種を受けるべきか決める
- 医療を受ける際の許可を出す
- あなたの宗教を選ぶ
- 学校を選び，毎日登校することを確認する

　それぞれのカードを3つの小さな箱のうちふさわしい箱の中に入れます。この郵便受けのふたは開けたままにしておきます。その後に，3つの小さい箱を大きな「親がすべきこと」の箱に入れます。
　子どもに，親になることは難しいことであると説明します。なぜなら，子どもが安全で幸せで健康的であるためには，やるべきことがたくさんあることを知る必要があります。これらのことを，子どもが十分成長し，自分で自分の面倒が見れるようになるまでやり続ける必要がありますが，時としてできない場合もあります。
　親になるために，この3つの役割がどのようなものなのか説明します。「生みの親」の役割は，自分は何者であるかを形作っています。「育ての親」の役割は，わたしたちを育て，安全で健康であることを確認することです。「法的な親」の役割は，現在と未来にわたって大きな決断をすることです。親はこれらを常日頃，すべてやらなくてはなりません。これらす

べてのことが，親や両親であるという状態をつくりだすのです。
　自分自身が母や父としてさまざまな課題を抱えているとしたら，これらすべての役割をうまくやりくりすることがいかに大変なことか，一緒に考えてみましょう。
　小さな箱からカードを取り出すよう子どもに勧め，それらを見ながら1枚ずつ話し合ってみましょう。それぞれのカードを読んだら，大きな箱にカードを戻すよう子どもに頼みます。すべてのカードを入れたら，子どもにその箱を振ってもらい，親があらゆる役割をいっぺんにこなさないといけないことを説明します。そして再び大きな箱を開け，親がしなければならないことを考えてみます。イーディス・ニコルズ（Edith Nicholls）は，このワークにおいては，「育ての親」の役割を理解することが最も意味のあることだと考えます。(Nicholls, 2005, p.152)

ワークの目的

- 親がすべきことの複雑さについて子どもが理解できるよう手助けしましょう。
- ワークを楽しめるよう工夫をしましょう。
- 実親の元から離れなければならなかった理由の全容を理解するための素地を作りましょう。

大切なこと

　子どもがしっかり理解したか確認するため，また理解を強化するために，このワークを逆の順番で行なってもよいでしょう。カードをごちゃまぜにし，表を上にして並べます。子どもにそれぞれのカードを読み，正しい箱にいれるように言います。
　このようなワークは，統合の過程を促進する目的で何度繰り返し行なってもよいでしょう。
　ジュディス・ニコルズ（Judith Nicholls）は箱を用いることを提唱してい

ますが，子どもに合わせて説明の方法を変えてみてもよいでしょう。ここでなされる説明が重要なのであって，どのように提示するかが問題ではありません。低年齢の子どもの興味を引き出すためには，子ども自身の親と結びつける前に子どもの好きなテレビの人気キャラクターを用いた方がいいかもしれません。

移動カレンダー

用意するもの

　大きな紙，ペン，クレヨン。
　オプション：家，車，子どもの好きなもののテンプレート（※写真やシール，ネットで出てくるイラスト）

進め方

　このワークに備えて，あなた自身が子どもの家や措置された場所などの移動歴について把握しているかよく確認してください。家や車などの素材（モチーフ）を使って移動歴の表を作ります。または，四角をいくつか描き，矢印で1つの四角から次の四角へつなげます。子どもの安全が守られるようであれば，生まれてからこれまで住んでいた家の住所を教えることもできます。子どもがそこで誰と住んでいたのかということや，そこに住んでいた日付も含めます。子ども自身が情報を教えてくれる場合があるかもしれません。子どもにそれぞれの移動について話したいことや描きたいことがあるか，聞いてみましょう。
　写真や他の記録に付け加えて，ライフストーリーブックに活用することもできます。このワークの一環として，移動の理由についてあなたが詳し

く調べてみてもよいでしょう。また，これまでの家の写真などを撮影したものがあれば，そのコピーを貼りつけたり，グーグルのストリートビューを使うこともできます。

ワークの目的

- 子どもが生まれて現在までの子どもの移動を目に見える形で示しましょう。
- 子どもがどこに住んでいたのか，また，なぜ移動したのか明確に説明しましょう。
- 移動の理由について，子どもの誤解を解きましょう―子どもは，往々にして自分の責任だと感じていることを忘れないように。

大切なこと

　子どもがこれまでに経験してきた移動の明確な全体像をつかむことが難しいこともあります。子どもが複数回の移動を繰り返し，記録が不完全な場合は，あなたは探偵になったような気分になるかもしれません。他府県，ましてや他の国から転入してきた場合は子どもが以前住んでいた場所をはっきりと把握することはほぼ不可能だといえます。

　子ども自身がこれまで住んでいた場所について教えてくれる場合もありますので，子ども自身に聞いてみることを忘れないでください。完全な情報が手に入らなかったとしても，子どもにはそれを正直に伝えます。過去に住んでいた国名しか分からない場合であっても，その国に関する一般的な情報を伝えることはできるでしょう。たとえば，言語や地図，人口，宗教，歴史，食事，国旗，首都などです。これらは，あなたが調べる必要があるものです。

　自分のこれまで住んできた場所の全体像を知り，驚愕する子どももいます。里親委託は，非常に短期間になることもあり，転出してしまえば子どもは忘れてしまうものです。もちろん，子どもがとても幼い時に委託され

Information Sharing and Integration

た場合などは，子どもの記憶に全くないということもあります。また，子どもが生みの家族の元を離れる前に，実親と移動を繰り返している場合もあります。

　移動に関して付け加えられるワークがあります。それは，子どもの住んでいたそれぞれの場所を示すために，地図に色付きのシールを貼っていくことです。子どもが住んでいた場所に応じて，町，都道府県，世界地図などを使います。

　子どもが移動を理解し，これまでの人生のそれぞれの時期に経験してきたことを理解することが重要です。子どもが自分の年齢を知っていたとしても，1年や1か月がどのような単位であるか，どのくらいの年月を生きてきたか，理解していると早合点してはいけません。時として，それに関するワークをすることが有効かもしれません。たとえば，季節や重要なホリデー，年間の祝賀行事であるクリスマス，イースター，ディバリ（Divali 訳者注：ヒンズー教の正月），イード（Eid 訳者注：イスラム教のラマダン（断食）の終わりを祝う日），ハヌーカ（Hanukkah 訳者注：ユダヤ教の年中行事）についてのコラージュを作ることが考えられます。

比喩的なストーリー（読み聞かせ）

用意するもの

　子どものために用意したストーリー
　オプション：おもちゃや挿絵などお話を読み聞かせるときに使うもの

進め方

　ストーリーは，難しい事柄について子どもと話し合う際に効果的な手段

です。幼い子どもにとっては，自分と同じような問題を抱えたねずみやお姫様，恐竜のストーリーは，自分についての直接的な話より分かりやすいことがあります。比喩表現を用いることで，子ども自身のつらい経験から一定の距離を置いて考えることができます。そのため，子どもがより楽な気持ちで安全に考え，話をすることができるのです。

　親のメンタルヘルスや死別についてのストーリーなどもありますが，それぞれの子どもに合わせてストーリーを書く方が好ましいでしょう。子どもの状況を反映しながらも，その子どもや家族を象徴するようなキャラクターを用います。恐竜や妖精など，その子どもが特に興味を持っているもので，取り入れられそうなものを考えます。そして，子どもの発達に合ったシンプルなストーリーを作ります。小さなおもちゃなどやフィギュアなどの写真を用いて描くか，もしくは，クリップアートやグーグルのイメージを用います。作成する際には，キャラクターの感情を表現することを忘れないでください。挿絵やフィギュアの写真の有利な点は，ストーリーを読み聞かせるのと同時に身振りを加えて演じることで，低年齢の子どもをストーリーに引き込むことができるということです。最初にあなたが練習する必要があるでしょう！　この後に書かれている，私たちが支援してきた子どものストーリーの要素を反映させたストーリーの例を参考にしてみてください。

ワークの目的

- 子どものストーリーを伝えるために創造的な方法を用いましょう。
- 低年齢の子どもに難しい話題を話す場合の安全策として，比喩表現を用いることを考えてみましょう。
- ストーリーや遊びを通じて，子どもに自分の生育歴を探索させてみましょう。
- 子どもが自分で持っておけるストーリーを渡しておくことで，好きな時に里親や養親と見直すことができます。往々にして，繰り返す

Information Sharing and Integration

という行為がトラウマを受けた子どもが情報を消化していくための鍵となるのです。

大切なこと

このワークは，子どもが養育者と共に行うのに適しています。そうすることで，ワークの後も適宜，ストーリーを繰り返し読み聞かせることができます。子どもが自分のストーリーを内面化（納得）するためには，幾度となく自分のストーリーに立ち返る必要があります。

子どもの家族ではなく，動物の家族をモチーフにしているからといって，子どもがこのワークから影響を受けないと決めてかかってはいけません。あなたや養育者は，直接的に子どもに何が起こったかを伝えるのと同じように，苦痛を伴う感情を想起させることを想定し，サポートする必要があります。

出版されているもので，私たちが使用したことのある参考になりそうなストーリーを挙げておきます。

Michelle Bell（2008）*Elfa and the Box of Memories*（エルファと思い出の箱）. London: British Agencies for Adoption and Fostering.
　——記憶の重要性についての本。子どもが自分の記憶について考えられるようなワークブック付き
Judith Foxon（2001-2007）*The Nutmeg Series*（ナツメグシリーズ）. London: British Agencies for Adoption and Fostering.
　——養子縁組，実親とのコンタクト，新たなきょうだい，問題行動などを経ていくリスの物語
Virginia Ironside（2003）*The Wise Mouse*（かしこいねずみ）. London: Young Mind.
　——親のメンタルヘルス問題の説明
Inga Moore（2010）*Six Dinner Sid*（シドのごはんは1日6回）. London:

Hodder Children's Books.
　　——飼い主がホリデーに出かけてしまい，取り残される猫についての物語

Trace Moroney（2011）*Feeling Series*（気持ちシリーズ）. Chichester: Brimax.
　　——さまざまな感情を持つウサギの物語

Helena Pielichaty（2002）*Jade's Story*（ジェイドの物語）. Oxford: Oxford University Press.
　　——年長の子どもに適した親のうつ病についての物語

Paul Sambrooks（2009）*Dennis Duckling*（コガモのデニス）. London: British Agencies for Adoption and Fostering.
　　——実親の元を離れて社会的養護で暮らすことについて伝える物語

Susan Varley（1997）*Badger's Parting Gift*. London: Magi Publications. 邦訳『わすれられないおくりもの』小川仁央訳，評論社
　　——死別について

Martin Waddell（1994）*Owl Babies*（ふくろうのあかちゃん）. London: Walker Books.
　　——母親がいなくてさみしいこと

8歳以下の子どもに適した比喩表現を用いたストーリーの一例

注：フィギュアやおもちゃ，クリップアートの写真などが入っているとよい。

　むかしむかしあるところに，マーヴィン（Marvin）といういたずら好きの子ざるがすんでいました。マーヴィンは，さるのママとパパと，妹のマンディ（Mandy）とすんでいました。さるのママとパパは子ど

もたちをとても愛していました。みんなで木からぶらさがったり，ジャングルで遊ぶ楽しい時間が大好きでした。でもかなしいことに，さるのねぐらはそう楽しいときばかりではありませんでした。なぜかというと……

　もちろん，今マーヴィンとマンディをちゃんとお世話するのは，さるのママとパパの役目です。だって，この子ざるたちはとってもたいせつな，いたずら好きのさるたちなのです。子ざるはみんな，暖かくて安全なねぐらと，おいしいバナナやさるのミルクをくれたり，守ってくれる親が必要なのです。子ざるたちがかなしかったり，怖いと思うときはぎゅっと抱きしめてくれるママとパパが必要なのです。とってもかなしいことだけど，さるのママとパパは，ほかのママざるやパパざるのように，いつでも子ざるたちのことを一番に考えるのはむずかしいことがわかってきました。

　たとえばね，たまにさるのママとパパは，自分が楽しむことにむちゅうで，子ざるの面倒をみることをわすれて，マーヴィンとマンディをねぐらに置き去りにしてしまうことがあったのです。かわいそうな子ざるたち！

　だから，世界一良いお兄ちゃんのマーヴィンは，妹が不安にならないように精一杯のことをしました。マーヴィンはよくがんばりました。でも，小さなさるが，マンディに十分なミルクをあたえバナナを食べさせるのはとっても大変なことでした。

　そのうえ，さるのママとパパはいつも仲良しだったわけではないのです。たまに，パパはとってもふきげんになることもありました。そんなときは，子ざるたちが見ている前でも，さるのママに向かってどなったり，たたくこともありました。きみはさるのけんかを見たことがある？　さるは，けんかするととってもうるさい金切り声をあげるのです。

　どなり声やけんかばかりになると，ねぐらは子ざるたちにとって怖

Life Story Work with Children Who are Fostered or Adopted:Creative Ideas and Activities

第6章　情報の共有と統合

いところになってしまいました。おそろしい金切り声に子ざるたちがどんなにおびえていたか、さるのママとパパは気づいていたのでしょうか？

　それから少したって，近所の動物たちがこの子ざるたちのことを心配するようになりました。動物たちは，子ざるたちの安全が守られていて，ちゃんとしたうちで，バナナを十分食べているか心配になりました。そこで，動物たちは親切なゾウのメアリー（Mary）に，このさるの一家の様子を見にきてほしいと頼みました。子ざるたちが大丈夫かたしかめるのはメアリーの仕事だったのです。ゾウのメアリーは，さるの両親に子ざるが生活するには，このねぐらではけんかや言い合いが多すぎると言いました。メアリーは，さるのママとパパが子ざるをもっと上手に育てられるように一生懸命たすけようとしました。他の親切な動物にもてつだってくれるよう頼みました。でも，悲しいことに，さるのママとパパはたすけてもらうのをいやがることがありました。それで，みんなはもっと心配になりました。

　ある日，ご近所さんたちは，マーヴィンとマンディが2人だけでさむいねぐらに取り残されているのをみつけて，ゾウのメアリーにおしえました。メアリーは，とうとうこの大事な子ざるの安全を守るために行動を起こすことを決心しました。メアリーがさるのママとパパをたすけている間，子ざるたちの面倒をみてくれる別の家族を探すことにしたのです。メアリーは，これまでも親が育てられない小さな動物たちの面倒をみてくれたことのある，親切なキリンのグラハム（Graham）とガーティー（Gertie）の一家をしっていました。このキリンのママとパパは，子ざるたちの安全を守り，2人が成長するのに何が必要なのかしっていました。このキリンのうちでは，十分な食べ物が用意されていましたし，いちばんよかったのは，言い合いやけんかがないということでした。

　でも新しいうちでの生活は，子ざるたちにとってなんだか変な感じ

Information Sharing and Integration

がして怖かったのです。今では毎日おいしいごはんやおやつを食べているのに，マーヴィンはいまだに食べ物が足りなくなったらどうしようと心配してしまうのです。それに，マーヴィンは今でも自分がマンディの面倒をみなくちゃならないとも思っています。だって，さるのママとパパとくらしていたときはおなかを空かしていたし，マンディを守らなくちゃいけなかったのですもの。マーヴィンは，自分とマンディの面倒をみるために，勇敢で強い子ざるじゃなくちゃいけなかったのです。

マービンは，キリンのママとパパのうちでリラックスできないときがありました。さるのママとパパに会いたくて，面会の日を楽しみにしていました。今でも，さるのママとパパは子ざるたちがとってもとっても大好きなんです。でも，みんなでよく考えて，サポート役の動物が，さるのママとパパが子ざるたちを育てるのはよくないと決めました。

2人のことをよくわかってくれているキリンのグラハムとガーティーのもとでマーヴィンとマンディが大きく育って，強いさるに成長していることはとってもよろこばしいことです。キリンのママとパパは，マーヴィンが夜寝る時間を守って，朝，さるの学校に間に合うように起きられるよう見守ってくれます。マーヴィンがママとパパに会いたくて寂しいときは，どうすればマーヴィンをなぐさめられるかもしっています。マーヴィンはたくさん抱きしめてもらって，おはなしを読んでもらって，楽しくて，ほっとし，寄り添ってもらえる時間を過ごしているのです。

だって，それがこのいたずら好きな子ざるには必要なことなんですもの！

強い壁を建てる

用意するもの

紙，ペン，はさみ。
オプション：積み木

進め方

　これは，ジョイ・リース（Joy Rees, 2009）の本『*Life story books for adopted children*（養子のためのライフストーリーブック）』から取り入れたワークです。子どもを守り，育てるために親がしなければならないことは何か，子どもに聞いてみます。そして，子育てとはレンガを積み上げて壁を建てるようなものなのだと伝えます。そして，強い壁を建てるためには，レンガがすべて正しい位置にはまっている必要があることを教えます。基礎やセメントが親の愛情だとするならば，それ以外に子どもが必要なものは何か考えてみましょう。

　紙を使う場合は，長方形に切って，1 枚ずつに子どものニーズを書き込みます。それらを，親の愛情という基礎の上に壁を建てるように貼っていきます。積み木を使う場合は，子どものニーズを書き込んだ紙や付箋を積み木に貼りつけて，積み木を積むことで一緒に壁を建ててもいいでしょう。この壁には，大切に育むこと，身体的接触を通じた愛情表現，子どもの健康面や身体面のニーズに応えること，ルールを決めること，監督責任や限界を示すこと，安全な環境，楽しむこと，遊ぶこと，笑うことの必要性などを含まなければなりません。

　貼り終わったら，この壁のレンガのうち 1 つでもなくなったらどうなるか考えてみましょう。もし積み木を使っていたなら，子どもに積み木を 1 つか 2 つ抜いてもらい，何が起こるか見てみましょう。たとえば，食べ物

がなく，境界線と安全が守られなかったら，どうなるでしょう。ここで伝えたいのは，親はこれらすべての事を絶えずやらないと壁はぐらぐらして，壊れてしまうということです。親が十分な強度の壁を建設できないならば，子どもが安全で健康に幸せに育つのは難しいのです。

　子どもが，直接的な内容に耐えうるようであれば，ワークの最後に，なぜ生みの親の元で暮らせなかったのかという，自分自身の状況に置き換えて考えてみてもいいでしょう。親が基本的な愛情を持ち合わせていたとしても，子どもに必要なことすべてを提供するのが難しい場合もあることを振り返ってみましょう。

ワークの目的

- 創造的な方法を用いて子どものニーズについて一般論から話を始めましょう。必要に応じて，子ども自身の状況に置き換えてみましょう。
- 子どもがなぜ生みの親の元を離れなくてはならなかったのか，理解し，統合することを支援しましょう。
- 生みの親から離された理由を話すきっかけをつくりましょう。
- 良い子育てとは何かを子どもが学びとることです。

大切なこと

　これは，子どもが自分の状況に置き換えずとも，大きな影響を与えることがあるワークです。多くの子どもが，自分の状況とリンクさせて考えることで苦痛を伴うでしょうから，前後のサポートが必要です。すべての子どもがふさわしい養育を受けるべきであり，それを用意するのは親の責任であることを強調することが重要です。親が上手に子育てするために，子どもがすべきことなどありません。あなたはとても大切な人で，愛され，守られながら成長する家族と家を与えられるべきなのだと，強調して伝えてください。

このワークに参加しにくそうな子どもに対しては，より現実的な質問に切り替えていってもいいでしょう。たとえば，「里親さんや養親はあなたを育て，守るためにどんなことをしてくれますか？」というような質問です。子どもが答えを探せなければ助け舟を出してあげてください。このワークの中で生みの親について取り上げることに抵抗感が強い子どもであっても，その子が良い養育をされる価値があるという重要なメッセージを伝えることはできます。現在の養育者や養親とのアタッチメント構築のため，また日々のニーズが満たされてることを子どもに自覚してもらうために，養育者と一緒にこのワークを繰り返します。
　このワークの代わりに，赤ちゃんの人形を使い，人形が何を必要としているのか話し合うこともあります。子どもにこの人形が泣いていたら何をしてあげるか考えて，一緒にやってみるよう促します。思いやりや，愛情，おむつ替え，遊びや安全面などについて話し合います。赤ちゃんが成長して，はいはいしたり，歩いたりするにつれてニーズが変わっていくということについても考えてみます。このように，このワークは，何を取り上げても親の役割について話す良い機会になります。抱きしめる，キスをする，遊ぶなど，できる限り非実用的な面にも目を向けるようにしましょう。なぜなら，子どもは，食べ物を与える，着替えさせる，などの実用的な事柄にのみ着目してしまうことが多いのです。適切な養育を受けられなかったのは，自分の責任だと自責の念を持つ子どもに対してこのワークでは，赤ちゃんが親の気を引きたくて泣くのは，「赤ちゃんが悪いのではない」という子どもの普遍的なニーズを示すことができます。
　ライフストーリーワークのプロセスでこのワークに取り組んだ場合は，その内容についても子どものライフストーリーブックに書き込みます。このワークは，生みの親が子どもを愛していたとしてもそれだけでは十分ではないという事実を補強するのに効果的です。愛情とは，親の言葉と行動が混ざり合ったものであるという考えが重要なのです。子どもの生みの親の養育で何がうまくいかなかったのか，あまりに間接的であったり，「あ

なたのママはあまり調子がよくなかった」というような単純化しすぎで，子どもが混乱するような説明ではなく，できる限り正直に説明するよう努めましょう。

秘密のシール

用意するもの

ペン，紙，クラフトグッズ，のり，はさみ。

進め方

子どもに，人には，生育歴にまつわることで他人には知られたくない事柄があるものだと説明します。子どもと一緒に，養育者や友達，先生，その他の人に自分のストーリーのどの部分については共有してもよいか，または，知られたくないか，について考えます。知られたくない事柄について，子どもが自分で選んだオリジナルのシールを作って隠すことを提案してみましょう。子どものイメージに合わせてシールを作る素材を用意します。時間の経過とともに，何を秘密にしたいかは変わっていくでしょうし，相手によって，または場面によって変化していくこともあります。

ワークの目的

- 公的もしくは私的な情報とは何か話し合いましょう。
- 相手によって自分との関係性が異なることを教えましょう。
- 子どもが，自分の情報や自分についてどのように説明するか，決定権は自分自身が持っているという感覚をもてるようにしましょう。

大切なこと

　このワークは，不適切な情報までも見境なく友人などに開示してしまう危険性がある子どもに有効です。

Information Sharing and Integration

chapter 7

第7章　未来を見つめて

Looking to the Future

　ライフストーリーワークにおいて，この最終部分のプロセスは，子どもにとって未来への希望と明るい眺望が詰め込まれたお祝いのようなものであるべきです。それはまた，子どもの現在の措置や養親家庭での立場とこれまであなたと一緒に行ってきたワークから学んだスキルを補強するものでもあります。ライフストーリーワークは，本質的には過去と子どものストーリーを内面化するためのものですが，ライフストーリーブックそのものは「未来へのパスポートと見なされている」(Rose and Philpot, 2005, p.129) ともいえます。この段階では，子どもの親や養育者は子どもの生育史に関してより明確な理解と，子どもの行為が何を訴えるのか理解しておかなければなりません。それが措置を安定させることになるのです。子どもが過去に起こったことについて罪悪感を持っていたとしたらそれを軽減しつつ，一方で，今や自分が愛とケアを受けるに値しているという感覚をより強く持てるようにすべきです。子どもは，自尊心と自分の未来をコントロールできるという感覚を育むために，家庭で安全と安心の感覚を積み上げる経験を持つべきなのです。

いくつかの点でライフストーリーブックは子どもに関するマニュアルといえます。それはこれまで子どもが通ってきた道について記したものです。つまり，子ども自身と経験に関する理解，交流した人々に関する理解，最も重要なのは自分が現在誰なのかということを理解するものです（Rose and Philpot, 2005, p.129）。

　しかし，トニー・ライアン（Tony Ryan）とロジャー・ウォーカー（Roger Walker）が次のように言うのはもっともなのです。「ある子どもたちは，苦痛に満ちた内的世界にバリアーを張って守っており，ライフストーリーワークはそれを突き破るのに十分ではないことがある」（Ryan and Walker, 2007, p.51）。それゆえ，あなたが行なったワークが望むような成果を得られなくても，あるいは子どもが期待されるような応答をしなくても，それを受け止めてください。私たちは時として子どもが難しい時期にもかかわらず，十分な取り組みをしていることを認めなくてはなりません。ライフストーリーワークをすることに対して子どもが抵抗をしたり，ワークが停滞したら，ひと段落をつけるタイミングかもしれません。バイオレット・オークランダー（Violet Oaklander）は次のように言っています。

　　子どもは，自分に成熟や成長などの変化が生じるのを統合して消化する機会が必要なのです。子どもはあたかも現時点ではその障壁を打ち破ることができないとわかっているかのようです。その子どもにはもっと時間と強さが必要なのです。きっと，年を重ねてから再びその問題に向き合うのでしょう。（Oaklander, 1978, p.199）

　トラウマ，分離，及び喪失の影響を扱うことに関しては，あなたがどれだけ熟練したファシリテイターであるかに関係なく，子どもの認知能力が到達度に大きく影響するでしょう。ヴェラ・ファールバーグ（Vera Fahlberg）は，8歳以下の子どもは魔術的思考と自己中心的な思考が顕著

であり，認知が未熟であることから「おとなが子どもの過去の出来事に関する理解を変化させることは難しい」と認めています（Fahlberg, 1994, pp.334-335）。しかし，ストーリーを理解する基礎を準備しておいて，時期を見計らって，子どもをより正式な治療的介入に任せられるところまで導いた後に，トラウマや愛着にまつわる問題を扱うことはできるでしょう。

　人生が続く限り，ライフストーリーブックの完成後もライフストーリーワークが終わることはありません。ライフストーリーブックは，作っている最中に入手することができた情報に基づいたストーリーを記しているにすぎません。私たちは，リチャード・ローズ（Richard Rose）とテリー・フィルポット（Terry Philpot）に同意します。「ブックはたしかに重要であるとしても，ライフストーリーワークはより永続的な生き続けるプロセス」（Rose and Philpot, 2005, p.141）なのです。子どもと家族は，これから経験するさまざまな出来事をライフストーリーブックに書き加えて記録し，ブックを豊かにすることができます。それらは，新しい養育者，新しい学校，新しい友人や趣味と興味などかもしれません。それはまた，子どもが人生のプロセスで経験した出来事と出会った人々の集合体であり，バランスのとれた人生への見方を与えるかもしれません。当然ながら，このような状態が生じるのは，子どもが養親や養育者の関心とサポートを得ている場合です。

　子どもたちは成長し，発達するにしたがって，ストーリーを再評価し始め，新しい理解を作り出します。ストーリーが幼い子どものころに書かれたものであれば，その子どもが複数の視点や込み入った事情について理解する能力を獲得する思春期や青年期に達した時，あるいは重大な過渡期を経て，再び向き合う必要があるでしょう。

　　若者は，仮定的な思考をする能力を持っています。先を見越して考えることで，過去のトラウマの影響が再び浮き上がってくる時を見分けて備えることができます。若者は自分に必要なスキルを取捨選択するから

こそ，生みの親が一度も持ちえなかった選択肢を手に入れることができるのです。(Fahlberg, 1994, p.367)

この章のいくつかのワークはこのプロセスに貢献することでしょう。
ライフストーリーワークを実施した経験がある12名の若者をサンプルにした質的調査研究（Life story work: Reflections on the experience by looked after young people, *Adoption and Fostering*（「ライフストーリーワーク―養育された若者たちの経験に関する考察」『養子と里親』），Rachel Willis and Sally Holland, 2009）は，次のことを明らかにしました。何人かの若者はライフストーリーワークを進行中の企画だと考え，興味深いことにそれを将来の目的のためだと思っています。何人かは，将来自分の子どもに見せようと考えたり，大人になってから生みの親と再び接触するための踏み台として使おうと考えていたのです。1人を除く全員の若者が実際にライフストーリーブックを持っており，それが欠かせない人生の記録になっています。

さらに考慮しなければならないのは，当然のことながら，子どもとのワークの終わり方を軽視しないということです。子どもは人生でいくつもの離別や喪失を経験してきているに違いなく，それらのほとんどが無計画でトラウマ的なものであったことでしょう。子どもをライフストーリーワークの終結に向けて準備させるのは重要で，お別れを言うための簡単な儀式を行うのがよいと思います。このことはあなたが子どもと困難な行程を歩んできた場合や，あなたとの定期的なワークを終えることが子どもに空虚感を残すと予期される場合は特に重要になります。

終結の儀式は複雑である必要はありません。私たちの場合は，子どもと一緒に選んだお祝いのケーキを出すこともあります。また，持ち帰るための写真やカードをお互いに作ったり，最終回のセッションの記念に写真を撮ることも時折行われます。留意しなければならないのは，私たちが度々経験してきたように，私たちがどれだけ入念に準備をしたと思っていて

も，子どもはライフストーリーワークの終結を直視できないことがあるということです。時には，過去の別れにまつわる苦痛の経験を懸命に繰り返し，終結を妨害しようとするでしょう。面と向かって別れを言うことが子どもに過度な苦痛をもたらす状況ならば，私たちはカードや手紙を送ってライフストーリーワークの終了を知らせて，また子どもが感じているつらい気持ちを受けとめようとします。「私たちは，気にかけている大好きな人に別れを言う時に引き起こされる，さまざまな気持ちを扱わなければなりません」(Oaklander, 1978, p.201)。

　この章では，子どもが未来に向けて明るい展望を持つことを手助けし，希望と夢を探究するためのワークを載せました。子どもをおとなのサポートシステムの中につなぎとめるように努め，未来のゴールをどのように達成できるのか子どもと共に考えましょう。

ウェルカム・マットのワーク

用意するもの

　長方形の紙とペン，あるいはクレヨン。

進め方

　子どもにウェルカム・マット（玄関のドアの前に敷いてあるようなもの）を作ろうと提案します。それにメッセージや絵を添えて，子ども自身や過去の家または現在の家，あるいは未来の家を表します。そこでワーカーは，子どもと共にメッセージやデザインの意味を探るのです。たとえば，ウェルカム・マットは歓迎しているように見えるか，温かく招き入れているように見えるか，あるいは混乱や恐怖を表しているのか？　あなたならこの

家に入りたい？ あなたならここに住みたい？

ワークの目的

- 自信と自尊心を促進させるため，アートワークをコミュニケーションと自己表現の道具として役立てましょう。
- 子どもがこれまで住んだ異なる場所に関する気持ちを表現できるように手助けしましょう。生みの家族や以前と現在の措置に関する記憶を共有します。
- 子どもの希望や夢，未来の家庭に対する期待を探究するサポートをしましょう。

大切なこと

　私たちは，現在の措置に関する子どもの肯定的な気持ちを強化するという視点から，このワークを最終章に持ってきました。それはまた，子どもが自立の段階に差し掛かった時や養親あるいは次の措置に移行する時に何

Looking to the Futrure

を達成したいかを考えることでもあります。しかしながら，このワークには他にも多くの使用価値もあるのです。以前の措置や生みの家族での経験を扱う時，子どもにそれらの家庭での経験を表すマットを作るように促してもいいでしょう。そうすることで，子どもが今持っているものと，過去に欠けていたものを比較できるのです。

また，このワークは，生みの家族のおとなに対しても用いることで，彼らの過去と現在の生活状況についての視点を得ることができるかもしれません。同様に，生みの親に対して，子どもの里親委託を表すウェルカム・マットを作るように促します。肯定的なものができたなら，生みの家族に対する過剰な忠誠葛藤を軽減し，子どもが実親の許可をもらったと感じることで新しい養育者との愛着を育む助けとなります。

願いごとのワーク

用意するもの

紙，ペンまたはクレヨン。

進め方

このワークには3つのシンプルな選択肢があります。これらはいずれも子どもの未来への願いを探究するためにデザインされています。子どもにタンポポの種を吹いて飛ばすふり，願い井戸（訳者注：コインを投げると願いが叶うと言われる）に願いをかけるふり，または水晶の玉を覗き込んで何が見えるかを言うふりをして，子どもに願いをかけるように促すのです。キャサリーン・ジェルダード（Kathryn Geldard）とデイビッド・ジェルダード（David Geldard）は，今日と明日そして未来のために願いごとを

することを提案しています（Geldard and Geldard, 1997, p.176）。

ワークの目的

- 子どもが近い未来と長期的な未来へ向けた希望と夢を表現するように促しましょう。
- 想像力と創造性を高めましょう。
- 子どもが生みの家族に対して非現実的な希望や夢を抱えていないか確認します。

大切なこと

　願い井戸，水晶の玉，タンポポのイメージを用意します。『Anti-Coloring Books（ぬらないぬり絵の本，訳者注：表題や枠絵だけが印刷されていて，絵や文章を自由に書き込むワークブック）』に掲載されているイメージは，上手に絵を描く自信がない子どもたちでも使えます（参照：The Fourth Anti-Coloring Book 1981, The Sixth Anti-Coloring Book, 1984, Susan Striker）。また，クリップアートを使い，オリジナルのワークシートを作成すれば，より簡単に作業ができるかもしれません。

　子どもの創造性と空想的な考えを促進するのは大切なことですが，この活動は生みの家族との再統合に関する潜在的な希望や非現実的な変化への期待を明らかにすることもあります。たとえば，子どもが自分自身を有名人や成功した人だと想像している場合などがこれにあたります。それゆえ，子どもの未来の安全と幸せの大切さについてのメッセージを強化するために，情報の共有と統合にまつわるいくつかのワークに立ち戻る必要がでてくるかもしれません。

Looking to the Futrure

引っ越しのワーク

用意するもの

厚紙で作った箱(靴箱や引越し用の段ボール箱のようなもの)。コラージュの素材(できれば立体のもの),紙,ペンか絵具,セロテープ／のり,粘土か紙粘土,小石や羽,松ぼっくりなどの集めた物。

進め方

子どもに大きくなって自分の家に引っ越すことになったと想定してもらいます。そして引っ越しする時に持っていく物を作ってみようと提案してみましょう。

自分の願いを紙に描いたり,文章で書いてみてもいいでしょう。また,粘土やコラージュを使って新しいアイテムを作り出すこともできます。集めた物を使って未来の希望や貴重な所有物,大切な人を表す象徴的な物を作ることもできるかもしれません。箱に飾り付けしたいと思うかもしれません。

人生の中で生じる大きな変化にどのように対処するかについて子どもと一緒に話し合うとよいでしょう。物質面で自立して生活することについて話をしたり(年長の子どもの場合),変化に対して何を準備しなければならないか考えます。

ワークの目的

- 子どもが未来を見据え,そこにいる自分を想像することができるように励ましましょう。
- 子どもが安全と安心を感じられるために,未来にどのような物や人が重要となるかを理解しましょう。

- 成長することに対する恐れや自分の未来への不安について触れる機会を与えましょう。

大切なこと

　5年先の未来はむろんのこと，来週何をしているか想像することさえ困難な子どももいるので，あなたの手助けが必要でしょう。その場合は，次のような質問をしてみましょう。
- あなたは，一人暮らしをしているでしょうか？ それとも誰かと一緒に住んでいますか？
- あなたは，結婚していますか，それともパートナーがいますか？ それとも独身でしょうか？
- あなたに子どもはいますか？
- あなたは働いていますか？ それとも学生でしょうか？
- あなたにとって，一番大切な物は何でしょうか？

　若者の中には自分がおとなとしてやっていけないのではないか，また生みの親の過ちを繰り返さないか深刻な悩みを抱えている者もいます。そのため，ここでは若者が異なった人生選択ができること，また，もうすでにそうしていることを考えさせ，安心感とサポートを提供する機会にします。思春期の子どもなら，このような難しいことも考えられるはずです。
　ここで作成した箱や中身の写真を撮って，ライフストーリーブックに加えましょう。

Looking to the Futrure

ヒーリング・コラージュのワーク

用意するもの

紙，のり，はさみ，雑誌。

オプション：心地よさやヒーリングを表すアイテム。たとえば，バンドエイド，笑った顔のシール，柔らかい生地，個人的な写真など。

進め方

子どもに，経験した痛みからの治癒（ヒーリング）を象徴したコラージュを作ることを伝えます。トラウマがどのようなものだったか再度確認する必要はありません。これは，子どもが回復し，サバイバルしてきたことを褒め称えることであり，子どもが未来に安らぎを得るために必要なものを知るための取り組みなのです。

時間があれば，里親や養親，教師，同僚から子どもに関する肯定的なメッセージを集めておきます。それを見やすいように拡大コピーしておきましょう。あなた自身がワークを通じて得た，「あなたはとっても勇敢だった」「芸術の才能がある」などの感想を入れてもいいでしょう。自尊心やレジリエンスと関連するワークから肯定的な要素を組み込んでもいいかもしれません。

これらの肯定的な証言やメッセージと雑誌やクリップアートから取り出したイメージを用いて，ヒーリングイメージを作るよう働きかけます。あなたはこれまでの安心感を得るワークを通じて，子どもが自分自身を落ち着かせるための方法やサポートできるおとなを知っていることでしょうから，これらの人々や活動を示すイメージや写真を忘れずに用意しておきましょう。

ワークの目的

- 子どものサバイバル技術や自分自身を落ち着かせるための戦略を強化するように働きかけましょう。
- 子どものレジリエンスや自己効力感（訳者注：達成できるという信念や自信）を称えましょう。
- 未来に子どもが得られるサポートを調べることで子どもの孤独感を減らしましょう。
- ヒーリングするためにまだ満たされていないニーズがないか確認します。内向きに溜められた気持ちは，子どもが作った物に投影され，そこで認識されて自分のものとなるのです。

大切なこと

　私たちの経験では，話をするよりも物を作る方が簡単だという子どももいます。粘土を使ったワークは，散らかることは間違いありませんが，子どもが気分や気持ちを表現するのを促進させる非常に有効な媒体です。治療ではないものの，粘土の物質特性には治療的な効果を生み出すような魅力があり，役立つものです。特に，自分には創造的スキルが不足していると感じている子どもにとって魅力的です。なぜなら，粘土は形を作ったり，たたきつけたり，押しつぶしたり，なめらかにするのに，ほとんど技術を必要としません。数分のうちに粘土の塊は三次元の物体に変化を遂げることができ，子どもが事物をさまざまな角度から見るのに役立ちます。また，子どもは粘土を意のままに操ることができるようになります。「粘土は触覚と運動感覚を刺激し，感覚的及び感情的な経験を閉じてしまった子どもが，それを再び取り戻すのを可能にするからです」(Geldard and Geldard, 1997, p.113)

未来の自己像を描くワーク

用意するもの

紙と絵を描く材料。

進め方

　この活動はマーガレット・ブラステインとクリスティーン・キンバーグ（Margaret Blaustein and Kristine Kinniburgh, 2010）の著書の自己の発達（self-development）とアイデンティティーの章で提案されたものです。それによると，このワークは子どもの過去と現在の経験を統合するよりまとまった自己感覚の発達に寄与します。この活動の第1段階は，子どもに自分の未来をイメージするように促すことです。未来に，あなたはどこにいるの？　誰に似てるの？　誰と一緒にいると思う？　何になってると思う？　このような質問をしたとしても，子どもによっては未来の自己像がなかなか持てないかもしれません。それゆえ，「あなたは大きくなったら何になりたいと思っているの？」というように，とても具体的な聞き方をしなければなりません。

　その後子どもに，イメージした未来の自己像を描くように頼みます。文章にする方が好きな子どももいるでしょうし，詩を書いたり，歌詞を用いて表現する子どももいるかもしれません。絵を描くことに自信がない子どもには，ぬり絵のような体の輪郭の絵を用意したり，コラージュ用に雑誌の切り抜きを使うといいでしょう。

　続いて，子どもの年齢が適切ならば（年長の子どもや思春期の子ども），5年後，10年後，20年後の未来の自分をイメージするように考えを広げてもよいでしょう。紙を3枚使うか，大きな紙を3つに折り曲げて時間の経過を分割して表わしましょう。5年後，10年後，20年後の目標を達成す

るためにはどのような手順を踏む必要があるか，子どもと一緒に考えます。両親，養育者，教師，スポーツのコーチのようなサポートを得られる資源を見定めるようにしましょう。その子どもは目標を叶えるために，どのような特性をすでに持っているのでしょうか？

ワークの目的

- 子どもが未来の自己像を想像する能力を築き，より大きな未来図を描けるようにしましょう。
- 願いや夢をどのように叶えるか計画することによって，現在の行動や出来事と未来の結果の間に繋がりを築きましょう。
- 子どもがすでに達成したこと，これから達成したいことやどのように目標を叶えられるかを明らかにすることで，子どもが自分の未来についてある程度はコントロールできるという感覚を築きましょう。

大切なこと

　子どもの発達段階によって「未来」は異なった意味を持つことに留意しなければなりません。

　ジェルダード（Geldard）とジェルダード（Geldard）は，子どもが過去，現在，未来の自分の写真を撮るタイムラインという類似のワークを提案しています。タイムラインのそれぞれの段階で，子どもに何を達成したか，あるいは何を達成しようと望んでいるか書いてもらいます。それらの目標を達成できるようになるには誰の手助けが必要か，または何が必要か，子どもと一緒に考えるのです（Geldard and Geldard, 1997, p.177）。

　トニ・カバノフ・ジョンソン（Toni Cavanagh Johnson）は『Treatment Exercises for Child Abuse Victims and Children with Behavioural Problems（被虐待児童と問題行動のある子どもへの治療的エクササイズ）』（1998）という著書で次のように述べています。混乱した家庭で育った子どもたちはしばしば刹那的に生きることを身に付けてしまっており，長期的な計画よりも，生

き延びることに専念しています。また，これらの子どもたちには周囲に真似したいと思うようなロールモデルがいることは稀です。彼女は次の質問をして，子どもに大きくなった時のことを考えるように促します。「どんな種類の人になりたいの？」または，「未来に，まわりの人にあなたがどのような人だと言ってほしい？」その後こう聞いて探究を続けるのです。「そのような人をあなたは知っている？ その人はどんな特徴を持っていて，今のあなたにも同じところがある？」

彼女は特徴のリスト，あるいは次のことを含む未来の状況を見せて子どもに考えるきっかけを与えています。
- 良い物を持っていること
- 他人のために何かをすること
- 強いこと
- 法律に従うこと
- 自分の子どもに親切であること
- 良い友人であること
- 良い仕事を持っていること
- 間違ったことをした時，それを認めること
- 困っている人を手助けすること
- 寛容であること
- 他人を傷つけることなくあなたが欲しい物を手に入れること
- 誰かを愛すること
- あなたの家族を気遣うこと

上記のリストのすべてを網羅していないのは当然ですが，必要な時に子どもをどのように刺激すればよいかというアイディアを示してくれます。続いて，彼女は，子どもが大きくなった時に物事がどうであってほしいかチェックするように促します。次に，子どもが一番大切だと思っている物事に印をつけるように促します。子どもに知っている人の中からリストの

中の特徴を1つ持っている人を思い出させ，目標を達成するためにできる具体的なことを2つ考えるように促します。

キャンドルのワーク

用意するもの

適当なキャンドルかティーライト，キャンドルの下に敷く皿，マッチ。

進め方

このワークは，もともと，『*Adopting the Older Children*（年長の子どもの養子縁組）』(1979) という本の中でクラウディア・ジェウェット（Claudia Jewett）が提唱しました。キャンドルは，過去と現在，子どもが愛情を持っている人々を表すシンボルとして使います。どのキャンドルをどの人に見立てるかは子どもに任せます。子どもの年齢によりますが，子ども自身がキャンドルに点火してもいいですし，おとなが点火してもよいでしょう。そして，子どもがそれぞれの人について考え，どのような想いを抱いているか，考える時間を十分取ります。

現在一緒に住んでいる人（里親や養親）と生みの家族のキャンドルに点火するよう子どもに勧めてみましょう。ここで伝えたいメッセージは，私たちは人生においてたくさんの人を愛する能力があるということと，大切な人々と離れて暮らしているとしても，強い愛情を感じることができるということです。ここでは，ペットの存在も忘れてはなりません。子どもによっては，ペットが重要な対象だということがあります。

このワークを終えるにあたって，子どもにこれからキャンドルの火を吹き消すことを伝え，こころの準備をさせましょう。火が消えても，こころ

の中に愛する気持ちを持ち続けること，身体の中に火が灯ったキャンドルがあると思うように伝えます。

ワークの目的

- 人を愛する気持ちと人々との離別に対する気持ちを表現できる場を提供しましょう。
- 子どもが人生において数多くの人を愛することができると象徴的に示します。
- 現在の養育者や養親に対して気遣いをしてもよいのだと思えるようにしましょう。

大切なこと

トニー・ライアンとロジャー・ウォーカー（Tony Ryan and Roger Walker, 2007）は，このワークを2歳くらいの幼い子どもから10代の子どもに行なっています。私たちは，このワークをライフストーリーワークに十分に取り組み，子どもとの関係性が十分にできてから行なうようにしています。というのも，このワークはとても強い影響力があり，子どもは場合によって，深い悲しみや喪失感を表出することもあります。あなたは，それに対して，自信を持って，動揺しないでいる必要があります。子どもは，ここで感じる感情が普通で，話題にしてもいいのだと知る必要があります。何より，言語化する方が，行動化してしまうよりよほどよいことなのです。このワークに里親や養親が同席していない場合は，ワークの内容を里親や養親に伝え，彼らにこのワークと同様のメッセージを子どもに伝えるなど，セッション後のサポートをお願いしておくことがとても重要です。

同様のテーマを扱うものに，「The Loving Cake（愛情のこもったケーキ）」というワークもあります。このワークは，子どもが実親の元へ戻る時や養子縁組などの区切りの時に行われるものです。しかし，ライフス

トーリーワークにおいても同様に活用することで，過去から現在までの人生において，その子どもが人を愛する能力があることを象徴的に示すことができるでしょう。

　本物のケーキを使う場合は，自分を愛して育ててくれた人に見立てたキャンドルに火を灯す儀式ができます。里親や養親が同席していれば，まずは実親のキャンドルに火を灯し，最後の一本を一番最近の養子縁組家族に見立てるのがよいでしょう。なぜなら，最初に火を灯したキャンドルは，燃えて小さくなり，新しい家族の炎よりも暗くなっていきます。これは，過去の愛は消えることはなく，生みの親と現在の養育者の愛を同時に感じることができるということを象徴しています。両者は，相容れないものではないのです。

Looking to the Futrure

補章 英国と日本のライフストーリーワーク

徳永祥子

　本書は，英国のリーズ市の地方自治体ソーシャルワーカーであるKatieとLesleyの2人が長年の実践で培ってきたライフストーリーワークの理念やワークを集めたものである。監訳者らは，この本が出版されてすぐにその実用性に感銘を受け，リーズを訪問した。現地でおふたりの実践を直接見聞きしたことでこの本に書かれている事柄が実際に子どもとのライフストーリーワークの中で生み出され，日本で初めてライフストーリーワークに触れる支援者にも非常に役立つワーク集だという実感を得た。

　ところで，リーズ市といえば，英国のライフストーリーワークのパイオニアであるTony RyanとRodger Walkerがソーシャルワーカーとして勤務していた自治体である。本書の筆者のKatieとLesleyは彼らの直接の後輩にあたるということが分かり，さらに運命的なものを感じた。一人ひとりの人間にもライフストーリーがあるように，ライフストーリーワークにもその地域に根差すヒストリー（歴史）やストーリーがあることが感じられた。

　このような縁があり，われわれは『Life Story Work with children who are Fostered and Adopted』の邦訳を担当させていただくことになった。

Life Story Work with Children Who are Fostered or Adopted:Creative Ideas and Activities

補章　英国と日本のライフストーリーワーク

　この補章では，日本語訳の出版に際して読者の皆さんにこの本の趣旨と活用方法を理解していただくことを目的としている。まずは，英国においてライフストーリーワークが辿ってきた変遷とその背景を概説し，本文を読む前に英国の社会的養護におけるライフストーリーワークの位置づけを理解していただきたい。

　英国では，1950年頃から養子縁組をする子どもや養親に出自を知らせるための1つのツールとして「ライフストーリーブック」の前身である「ライフブック」の活用が始まったといわれている。当時は，シングルマザーへの社会的偏見が強く，主に乳幼児の養子縁組が多かったため，ソーシャルワーカーがこれらのブックを作成し，養子が成長した後に養親が一緒にそれを紐解き，説明するのが一般的だったようである。

　その後，英国社会ではシングルマザーへの偏見が解消されたことや社会保障制度の整備に伴ってシングルマザーが子どもを養子縁組に託さずに自ら養育することが一般化した。しかし，1970年代以降には子どもの虐待が社会的に認知され保護される子どもが増加したことに伴い，社会的養護で暮らす子どもが増加した。幼児期以降に保護される子どもの養育は，児童福祉施設や里親が担うことになったが，子どもが生みの家族に戻ることが困難であると判断され，養子縁組されることも多い。その際，それまでの子どもの生育歴や出自に関する情報が失われていくことを防ぐための1つのツールとして「ライフストーリーブック」が活用され始めた。

　さらに近年では，保護者の虐待やネグレクトなどの理由から保護され，社会的養護で暮らす子どもの多くがトラウマ体験や離別・喪失体験を抱えていることが明らかになり，その影響を軽減する必要性が生じてきた。そこで，情報保管・伝達というこれまでのライフストーリーワークの枠を越えて，トラウマへのアプローチとして応用する動きが加速してきた。近年，この類のライフストーリーワークを「ライフストーリーセラピー」という新たな領域として確立させようという動きがあり，発展途上ではあるが今後そのニーズは高まっていくことが予想される。

このように，英国では，ライフストーリーワークは子どもの「知る権利」の保障からトラウマケアという幅広いニーズを射程に入れた支援となっている。

では次に，ライフストーリーワークが英国の児童ソーシャルワーク領域で根付いてきた背景に目を向けてみよう。

最大の要因としては，当事者（施設経験者であるケアリーヴァーや里親・養親，実親を含む）の権利擁護運動の影響が挙げられるだろう。とりわけ，社会的養護で育ったケアリーヴァーは1970年代から自分たちのニーズをさかんに発信し，国家及び地方自治体の政策や法律に大きな影響を与えてきた。そこでは，「知る権利」の保障は大きなトピックとして扱われ，自らのケースファイルへのアクセス権なども早々に取り上げられた。養子として育った人々も同様のニーズを表明した。さらには，児童ソーシャルワークに関与するさまざまな専門職が当事者の声を真摯に受け止め，政策化を推し進めてきたことも大きな力となった。

このように，英国では半世紀以上の歳月をかけて，ライフストーリーワークの位置づけが徐々に変化し，1つの支援ツールとして確立してきた。

このような丁寧な対応が実践レベルで可能となり，根付いてきた背景には，英国のソーシャルワーカーの専門性とケース数などの関連からそれぞれの子どもに丁寧にかかわることが保障されているという事情もあるだろう。英国の場合は児童福祉（保護）に従事するソーシャルワーカーはすべて国家資格を得ており，大学院レベルの専門教育を受けている。大学院在学中の長期かつ断続的な実習を経て国家資格を取得した後にも，職場の同僚・上司から体系的かつ定期的なスーパーヴィジョンを受け，転職をしながらもソーシャルワーカーとしてのキャリアを長年積み上げていく者が多い。さらに，各ソーシャルワーカーのケース担当数も虐待ケースでは一桁から10数ケースと，ライフストーリーワークのような時間も手間もかかる実践が可能な環境がそろっているといえる。

Life Story Work with Children Who are Fostered or Adopted:Creative Ideas and Activities

さらに，日本の状況に目を向けてみよう。日本では，2000年代にライフストーリーワークが英国などの諸外国からいわば「到来」したが，現在はその直後の混乱状況にあるといえる。それまでの10年間に「国連子どもの権利条約」が批准され，「子どもの権利ノート」が配布されるなど，子どもの権利を重視する風潮が普及しつつあったことも追い風となったといえる。とりわけ，子どもの「知る権利」を保障するための方策を模索していた日本の社会的養護関係者から注目を浴び，導入が進んだと考えられる。

　肯定的に見れば，近年のこのような変化は現場の支援者が子どものニーズに対応する必要性を自覚していることを意味するだろう。他方で，ライフストーリーワークの急激な導入や安易な適用は，ライフストーリーワークを単なる一過性の「技法」として閉じ込めてしまい，その背景にある理念や制度・政策までを射程に入れた変化を導き出すことは難しい。それでは，ライフストーリーワークが一部の支援者の自己満足に留まってしまうリスクがあるばかりでなく，真の意味での社会的養護の子どもの権利の底上げにはつながらない。

　特に留意すべきは，ライフストーリーワークの前提となる日英の社会的養護の子どもを取り巻く状況のさまざまな違いである。たとえば，子どもが自分や家族について知っている範囲や権利保障の状況，社会的養護のケア形態，ソーシャルワーカーの支援体制に関しては大きな違いがある。

　子ども自身や関係者（親や生活の場）のアセスメントやライフストーリーワーク前後の支援体制が不十分なままライフストーリーワークを行えば，子どもが再び傷つけられてしまう危険性があるだろう。さらに，「ライフストーリーワークをやったのだから，子どもの知る権利を十分保障したのだ」という支援者の免罪符となってしまうことも考えられる。

　このような状況を回避し，ニーズのある子どもにライフストーリーワークを適切に提供するためにはどうしたらよいのだろうか？

ここで1つ提案したいのは，目前の支援を再度見直し，日常場面（ケアワーク）や定期的な訪問・面接（ソーシャルワーク）においてライフストーリーワークの考えや手法を導入する余地がないか点検することである。担当している子どものなかに，「親の名前や出生地を知らない」「数年間面会がない」「自分の担当児童福祉司を知らない」という子どもは存在しないだろうか。まずは，その子どもたちの基本的な「知る権利」やニーズに耳を傾け，思いを馳せることからライフストーリーワークを始めるべきであろう。これらの基本的なニーズが充足されないまま，一足飛びに現在の英国で行われているようなライフストーリーワークを実践するのは無謀だといえる。日々のライフストーリーワークやライフストーリーワーク的な関与の積み重ねという基礎部分が築かれてこそ，本書で描かれているようなワークやセッション型のライフストーリーワークが功を奏するのである。

　最後に，日本の社会的養護における「記録保管」と「当事者からのアクセスに対する支援」についても触れておこう。
　現在，日本では措置期間中にライフストーリーワークを行うことが多い。しかし，措置解除までにライフストーリーワークを行ったとしても，子どもがすべての情報を理解し，記憶することは難しいだろう。一方で，一度耳にした情報が消え去ることはない。そのため，子どもが措置解除された後に，ライフストーリーワークの過程で知った情報についてより詳しく知りたいと思うことは当然想定しておかなければならない。しかし，現在の日本では，子どものケースファイルなどの情報保管は25歳までとなっており，人の寿命を考えると非常に短い。さらに，アクセスしてくるケアリーヴァーへの支援や開示内容についての規定は定められておらず，措置解除後のライフストーリーワークがほとんど保障されていない状況だといえる。
　英国では，養子が自分の情報にアクセスしてくるのは30代，社会的養護のケアリーヴァーがアクセスしてくるのは40代だという統計結果もあ

る。さまざまなライフイベント（就職，結婚，出産，離婚，家族や自身の病気や死別等）に直面した時に自分や家族について振り返る際に，情報が必要だと感じるからだ。このようなニーズに対応するため，英国では子どもの記録を100年間保管し，アクセスしてきたケアリーヴァーに支援を提供するための専任の職員がいる自治体や民間児童福祉団体が多い。このように，人のライフストーリーワークは措置期間中だけではなく，生涯にわたる支援として整備されるべきであることを念頭に置く必要がある。この点については，ライフストーリーワークが一定普及した後に私たちが取り組むべき課題となるだろうが，その時までに自らが作成する子どもの記録について「将来当事者が目にした時にどう感じるか」という視点で見直す必要があるだろう。

　読者の皆さんには，この本から子どもを理解する視点やライフストーリーワークの背景にある理念を十分に読み取っていただき，子どものニーズに応じてできるところから実践していただきたい。ライフストーリーワークを一過性のブームにせず，日本の社会的養護全体の底上げに寄与できるような「理念」のレベルにまで浸透させていくためには，英国で長い年月をかけて発展してきたライフストーリーワークの背景や理念を念頭に置いて，子どもの育ちの過程にかかわっている自覚と覚悟をもって実践していただきたい。決して無理せず，かといって恐れすぎずに日々の実践でできるところから始めてほしいと思う。

　この日本語版がライフストーリーワークの取り組みを必要とするひとりでも多くの社会的養護の子どものニーズに真の意味で応えうる支援を提供する際のヒントとなることを願ってやまない。

(参考文献)

Ryan, T. and Walker, R. (2007) *Life Story Work: Practical guide to helping children understand their past.* 邦訳『生まれた家族から離れて暮らす子どもたちのためのライフストーリーワーク実践ガイド』才村眞理，浅野恭子，益田啓裕監訳　福村出版　2010.

Stein, M. (2011) *Care Less Lives: The Story of the Rights Movement of Young People in Care* 邦訳『英国の社会的養護当事者の人権擁護運動史－意見表明による列島処遇克服への歩み』　津崎哲雄訳　明石書店　2014.

参考文献

References

Baynes, P. (2008) 'Untold stories. a discussion of life story work.' *Adoption and Fostering 32, 2,* 43-49.

Bell, M. (2008) *Elfa and the Box of Memories*. London: British Agencies for Adoption and Fostering.

Binney, V. and Wright, J. (1997) 'The Bag of Feelings: An ideographic technique for the assessment and exploration of feelings of children and adolescents.' *Clinical Child Psychiatry and Psychology 2, 3,* 449-462.

Blaustein, M. and Kinniburgh, K. (2010) *Treating Traumatic Stress in Children and Adolescents: How to Foster Resilience Through Attachment, Self-Regulation and Competency*. New York, NY: The Guilford Press.

Brohl, K. (1996) *Working with Traumatized Children: A Handbook for Healing*. Washington, DC: CWLA Press.

Brown, A., Collins, D. and Murphy, J. (2004) 'Creative thinking.' *Young Minds Magazine 7,* 18.

Buchalter, S. (2009) *Art Therapy Technique and Applications*. London: Jessica Kinfsley Publishers.

Cairns, K. (2002) *Attachment, Trauma and Resilience*. London British Association for Adoption and Fostering.

Cavanagh Johnson, T. (1998) *Treatment Exercises for Child Abuse Victims and Children with Sexual Behaviour Problems*. Dover, Kent: Smallwood Publishing.

Fahlberg, V.(1994) *A Child's Journey Through Placement*. London: British Agencies for Adoption and Fostering.

Fennell, M.(2009) *Overcoming Low Self-Esteem*. London: Robinson.

Foxon, J. (2001-2007) *The Nutmeg Series*. London: British Agencies for Adoption and Fostering.

Geldard, K. and Geldard, D. (1997) *Counselling Children: A Practical Introduction*. London: Sage Publications.

Herman, J. (1997) *Trauma and Recovery*. New York, NY: Basic Books. 邦訳『心的外傷と回復』中井久夫 訳 みすず書房 1999

Hewitt, H.(2006) *Life Story Books for People tith Learning Disabilities: A Practical Guide*. Worcestershire: British Institute of Learning Disabilities.

Hughes, D. (2004) *Facilitating Developmental Attachments*. Maryland: Roman and Littlefield.

Ironside, V. (1998) *The Huge Bag of Warries*. London: Hodder Children's Books.

Ironside, V. (2003) *The Wise Mouse*. London: Young Minds.

Jewett, C. (1979) *Adopting the Older Child*. Boston, MA: Harvard Common Press.

Kagen, R. (2004) *Rebuilding Attachments with Traumatized Children*. New York, NY, and London: Routledge.

McNamara, J., Bullock, A. and Grimes, E. (1995) *Bruised before Birth: Parenting Children Exposed to Parental Substance Abuse*. London: British Agencies for Adoption and Fostering

Melville, L. (2005) *Working with Children and Families, Vol. 2: A Traning Manual*. Manchester: The Family Protection Project/The British Counsil.

Moore, I. (2010) *Six Dinner Sid*. London: Hodder Children's Books.

Moroney, T. (2011) *Feeling Series*. Chichester: Brimax.

National Counsil for Curriculum and Assessment (2009). *Aistear: The Early Childhood Curriculum Framework*. Available at www.ncca.ie/en/Curriculum_and_Assessment/Early_Childhood_and_Primary_Education/Early_childhood_Education/Framework_for_Early_Learning/, accessed on 12 February 2013.

Nicholls, E.A. (2005) *The New Life Work Model: Practice Guide*. Dorset: Russell House Publishing.

Oaklander, V. (1978) *Windows to Our Children*. New York, NY: The Gastalt Journal Press.

O'Neill, C. (1993) *Relax*. Swindon: Child's Play International.

Perry, B. and Hambrick, E. (2008) 'The neurosequential model of therapeutics.' *Reclaiming Children and Youth 17*, 3, 38-43. Available at www.childtrauma.org, accessed on 2 November 2012.

Perry, B. (1995) *Principles of Clinical Work with Traumatized Children*. Available at http://trauma-pages.com/s/perrykid.php, accessed 2 November 2012.

Pielichaty, H. (2002) *Jade's Story*. Oxford: Oxford University Press.

Rees, J. (2009) *Life Story Books for Adopted Children: A Family Friendly Approach*. London: Jessica Kingsley Publishers.

Rose, R. and Philpot, T. (2005) *The Child's Own Story: Life Story Work with Traumatized Children*. London: Jessica Kingsley Publishers.　邦訳『わたしの物語――トラウマを受けた子どもとのライフストーリーワーク』才村眞理 監訳　福村出版　2012

Rossouw, R. (2003) 'Life story book work - weaving together the strands' *Child and Youth Care, 21*, 6, 14-16.

Ryan, T. and Walker, R. (2007) *Life Story Work: A Practical Guide to Helping Children Understand their Past*. London: British Association for Adoption and Fostering.　邦訳『生まれた家族から離れて暮らす子どもたちのための ライフストーリーワーク実践ガイド』才村眞理・浅野恭子・益田啓裕 監訳　福村出版　2010

Sambrooks, P. (2009) *Dennis Duckling*. London: British Agencies for Adoption and Fostering.

Shah, S. and Argent, H. (2006) *Lifestory Work - What it is and What it Means*. London: British Agencies for Adoption and Fostering.

Striker, S. (1981) *The Fourth Anti-Coloring Book*. New York, NY: Henry Holt & Company.

Striker, S. (1984) *The Sixth Anti-Coloring Book*. New York, NY: Henry Holt & Company.

Sunderland, M. and Engleheart, P. (1993) *Draw on Your Emotions*. Oxon: Winslow Press.

Sunderland, M.(2006) *The Science of Parenting*. London: Dorling Kindersley.

Varley, S. (1997) *Badger's Parting Gifts*. London:Magi Publications.　邦訳『わすれられないおくりもの』小川仁央 訳　評論社　1986

Van Gulden, H. and Bartels-arabb, L. (2000) 'Talking about a difficult adoption story.'*Adoptive Families Magazine*. Available at www.adoptivefamilies.com/articles.php?aid=108, accessed on 2 November 2012.

Waddell, M. (1994) Owl Babies. London: Walker Books.

Willis, R. and Holland, S. (2009) 'Life story work: Reflections on the experience by looked after young people.' *Adoption and Fostering 33*, 4, 44-52.

索引

Index

PACE原則　31
アイデンティティー　11, 39, 43, 60, 68, 77, 80, 81, 82, 83, 100, 138
愛着　23, 128, 132,
アタッチメント　8, 11, 13, 16, 48
エモーショナル・リテラシー　13, 50, 54, 63, 77, 87, 96, 99, 105
カバーストーリー　107
コミュニケーションスキル　28
コラージュ　54, 55, 69, 114
サポートネットワーク　37
ジェノグラム　95
自己効力感　137
スーパービジョン　22, 23
ストレスレベル　29
ストレングス　14, 67, 76, 79
チェックリスト　29
忠誠葛藤　132
統合　13, 23, 98, 99, 103, 105, 111, 122, 133, 138

トラウマ　8, 10, 13, 16, 20, 23, 24, 25, 28, 29, 31, 44, 51, 52, 67,
　　69, 74, 81, 99, 100, 102, 116, 127, 128, 129, 136, 145, 146
ファミリーツリー（家系図）　95, 96
リラクゼーション　35, 45, 72
レジリエンス　14, 66, 67, 68, 69, 75, 87, 136, 137
ワークの境界線　31
ワークの同意書　32, 33, 34
内面化　98, 99, 101, 116, 126

【人名】
　オークランダー，バイオレット　55, 127
　オニール，キャサリン　45
　ケアンズ，ケイト　23, 66, 68
　ハーマン，ジュディス　29, 102
　バーネス，ポリー　19, 22
　ヒューイット，ヘレン　10, 80
　ファールバーグ，ヴェラ　14, 81, 98, 108, 127
　ブロール，キャサリン　25, 29, 67
　ペリーとハンブリック　25
　ライアン，トニーとウォーカー，ロジャー　82, 127, 142
　リース，ジョイ　10, 11, 13, 14, 15, 16, 107, 121
　ローズ，リチャードとフィルポット，テリー　12, 13, 99, 128
　ロソウ，レニー　86

著者紹介

ケイティー・レンチ　Katie Wrench
有資格セラピューティック・ソーシャルワーカー，アートセラピスト，里親。

レズリー・ネイラー　Lesley Naylor
経験豊富なセラピューティック・ソーシャルワーカー，プレイセラピスト。また，リーズ市ライフストーリーワーク相談所を運営。

両者はリーズ市を拠点に，里子や養子を支援する最前線の専門職や里親に対して，ライフストーリーワークに関する専門的なコンサルテーションやトレーニングを提供している。

監訳・訳者紹介

監訳者

才村眞理（武庫川女子大学発達臨床心理学研究所研究員）

　大阪府児童相談所にて児童福祉司，帝塚山大学心理福祉学部にて教授として勤務し，2014年より現職。社会福祉士。奈良県社会福祉審議会児童養護部会長。

　主な著作に『生殖補助医療で生まれた子どもの出自を知る権利』（編著，2008），『生まれた家族から離れて暮らす子どもたちのためのライフストーリーブック』（編著，2009），『わたしの物語　トラウマを受けた子どもとのライフストーリーワーク』（監訳，2012）（いずれも福村出版）。

徳永祥子（国立武蔵野学院児童自立支援専門員／京都府立大学大学院学術研究員）

　英国ルートン大学（応用社会福祉学），京都府立大学大学院（福祉社会学修士）修了。大阪市立阿武山学園にて夫婦制男子寮を担当し，2013年から現職。博士（福祉社会学）。

　主な著作に「非行臨床におけるライフストーリーワークの可能性」（『児童福祉学研究』掲載論文，2011），「非行臨床におけるライフストーリーワークの実践について」（『子どもの虐待とネグレクト』掲載論文，2011），『やさしくわかる社会的養護シリーズ　生活の中の養育・支援の実際（コラム：施設におけるライフストーリーワーク）』（分担執筆，明石書店，2013）。

訳者

徳永健介（国立武蔵野学院児童自立支援専門員／大阪大学大学院博士課程）

　英国ミドルセクス大学大学院（精神分析学修士），京都大学大学院（人間・環境学修士）修了。大阪市立阿武山学園にて夫婦制男子寮の寮長を経て，2013年より現職。
　主な著作に『クライン・ラカン ダイアローグ』（共訳，誠信書房，2006），「支援者が『生き残る』こと——巻き込まれと感情労働の観点から」『そだちと臨床』（分担執筆，明石書店，2012），「施設養護の特性および実際—児童自立支援施設」『やわらかアカデミズム・わかるシリーズ　よくわかる社会的養護内容（第3版）』（分担執筆，ミネルヴァ書房，2015）。

楢原真也（児童養護施設子供の家　治療指導担当職員）

　児童養護施設の児童指導員，心理職，グループホーム長として勤務し，子どもの虹情報研修センター研修主任を経て，2015年より現職。臨床心理士。博士（人間学）。
　主な著作に『子ども虐待と治療的養育—児童養護施設におけるライフストーリーワークの展開』（金剛出版，2015）

装丁：臼井弘志（公和図書デザイン室）
※カバー写真と本文は関係ありません

施設・里親家庭で暮らす子どもとはじめる
クリエイティブなライフストーリーワーク

2015年7月5日　初版第1刷発行

著　者	ケイティー・レンチ，レズリー・ネイラー
監訳者	才村眞理，德永祥子
発行者	石井昭男
発行所	福村出版株式会社
	〒113-0034　東京都文京区湯島2-14-11
	電話 03-5812-9702　FAX 03-5812-9705
	http://www.fukumura.co.jp
印　刷	モリモト印刷株式会社
製　本	協栄製本株式会社

© Mari Saimura, Shoko Tokunaga 2015
Printed in Japan
ISBN978-4-571-42056-6　C3036
定価はカバーに表示してあります。
落丁本・乱丁本はお取り替えいたします。
※本書の無断複写・転載・引用等を禁じます。

福村出版◆好評図書

R. ローズ・T. フィルポット 著／才村眞理 監訳
わたしの物語　トラウマを受けた子どもとのライフストーリーワーク
◎2,200円　ISBN978-4-571-42045-0　C3036

施設や里親を転々とする子どもたちの過去をたどり、虐待や親の喪失によるトラウマからの回復を助ける。

T. ライアン・R. ウォーカー 著／才村眞理・浅野恭子・益田啓裕 監訳
生まれた家族から離れて暮らす子どもたちのための
ライフストーリーワーク 実践ガイド
◎1,600円　ISBN978-4-571-42033-7　C3036

養護児童の主体性の確立と自立準備に不可欠なライフストーリーワークの基礎から実践をわかりやすく解説。

才村眞理 編著
生まれた家族から離れて暮らす子どもたちのための
ライフストーリーブック
◎1,600円　ISBN978-4-571-42024-5　C3036

子どもたちが過去から現在に向き合い、未来へと踏み出すためのワークブック。「使い方」を詳解した付録付。

才村眞理 編著
生殖補助医療で生まれた子どもの出自を知る権利
◎5,000円　ISBN978-4-571-42018-4　C3036

匿名の第三者の精子による人工授精で生まれた子どもたちをとりまく問題とソーシャルワークによる支援を詳述。

S. バートン・R. ゴンザレス・P. トムリンソン 著／開原久代・下泉秀夫 他 監訳
虐待を受けた子どもの愛着とトラウマの治療的ケア
●施設養護・家庭養護の包括的支援実践モデル
◎3,500円　ISBN978-4-571-42053-5　C3036

虐待・ネグレクトを受けた子どもの治療的ケアと、施設のケアラー・組織・経営・地域等支援者を含む包括的ケア論。

C. バレット・K. ブラッケビィ・W. ユール・R. ワイスマン・S. スコット 著／上鹿渡和宏 訳
子どもの問題行動への理解と対応
●里親のためのフォスタリングチェンジ・ハンドブック
◎1,600円　ISBN978-4-571-42054-2　C3036

子どものアタッチメントを形成していくための技術や方法が具体的に書かれた、家庭養護実践マニュアル。

M. ラター 他 著／上鹿渡和宏 訳
イギリス・ルーマニア養子研究から社会的養護への示唆
●施設から養子縁組された子どもに関する質問
◎2,000円　ISBN978-4-571-42048-1　C3036

長期にわたる追跡調査の成果を、分かり易く、45のQ&Aにまとめた、社会的養護の実践家のための手引書。

◎価格は本体価格です。